CONVERSAS
COM QUEM GOSTA
DE ENSINAR
(+ QUALIDADE TOTAL NA EDUCAÇÃO)

RUBEM ALVES

CONVERSAS
COM QUEM GOSTA
DE ENSINAR
(+ QUALIDADE TOTAL NA EDUCAÇÃO)

Capa	Fernando Cornacchia
Foto de capa	Rennato Testa
Diagramação	DPG Editora
Revisão	Lúcia Helena Lahoz Morelli e Simone Ligabo

Dados Internacionais de Catalogação na Publicação (CIP)
(Câmara Brasileira do Livro, SP, Brasil)

Alves, Rubem
    Conversas com quem gosta de ensinar: (+ Qualidade total
na educação)/Rubem Alves. – 14ª ed. – Campinas, SP: Papirus,
2012.

ISBN 978-85-308-0589-0

1. Educação 2. Educação como profissão 3. Educação –
Filosofia 4. Educação – Qualidade total 5. Ensino 6. Pesquisa
educacional I. Título.

12-04082   CDD-370

Índices para catálogo sistemático:

1. Educação   370
2. Ensino   370

14ª Edição – 2012
11ª Reimpressão – 2024
Tiragem: 200 exs.

Exceto no caso
de citações, a
grafia deste livro
está atualizada
segundo o Acordo
Ortográfico da
Língua Portuguesa
adotado no Brasil
a partir de 2009.

Proibida a reprodução total ou parcial da obra de acordo com a lei 9.610/98.
Editora afiliada à Associação Brasileira dos Direitos Reprográficos (ABDR).

DIREITOS RESERVADOS PARA A LÍNGUA PORTUGUESA:
© M.R. Cornacchia Editora Ltda. – Papirus Editora
R. Barata Ribeiro, 79, sala 316 – CEP 13023-030 – Vila Itapura
Fone: (19) 3790-1300 – Campinas – São Paulo – Brasil
E-mail: editora@papirus.com.br – www.papirus.com.br

Àqueles, dentre os alunos,
que ficaram amigos.

SUMÁRIO

SOBRE O RISO	9
SOBRE JEQUITIBÁS E EUCALIPTOS	13
SOBRE O DIZER HONESTO	37
SOBRE PALAVRAS E REDES	65
SOBRE REMADORES E PROFESSORES	87
QUALIDADE TOTAL EM EDUCAÇÃO	119

SOBRE O RISO

Ridendo dicere severum.

Não é com o ódio que se mata, mas com o riso...

De toda verdade que não é acompanhada por um riso,

pelo menos deveríamos dizer que é falsa.

Friedrich Nietzsche

Prefácio não vou escrever. Conversas não devem ser prefaciadas. A gente simplesmente começa e a coisa vai. Que ninguém se engane. As conversas que se seguem são conversas *mesmo*, longe da seriedade acadêmica – um esforço para ver as coisas através da honestidade do riso.

Mas não resisto à tentação de citar outros que preferiram o humor.

Talvez para me justificar a mim mesmo. As cerimônias, mesuras e seriedades da vida acadêmica continuam a me assombrar. E preciso de aliados.

Invoco o riso daqueles que perceberam o ridículo da seriedade. O riso é o lado de trás e de baixo, escondido, vergonha das máscaras sérias: nádegas desnudas de faces solenes.

É só por isso que ele tem uma função filosófica e moral. O riso obriga o corpo à honestidade. Rimos sem querer, contra a vontade. Ele nos possui e faz o corpo inteiro sacudir de honestidade, como demônio brincalhão, Exu...

E chamo a fala das minhas testemunhas.

> Mudei-me da casa dos eruditos e bati a porta ao sair. Por muito tempo a minha alma assentou-se faminta à sua mesa. Não sou como eles, treinados a buscar o conhecimento como especialistas em rachar fios de cabelo ao meio. Amo a liberdade. Amo o ar sobre a terra fresca. É melhor dormir em meio às vacas que em meio às suas etiquetas e respeitabilidades. (Nietzsche)

> A filosofia do bufão é a filosofia que, em cada época, denuncia como duvidoso aquilo que parece ser inabalável. Declaramo-nos a favor da filosofia do bufão – aquela atitude de vigilância negativa frente a qualquer absoluto. Declaramo-nos a favor dos valores anti-intelectuais inerentes numa atitude cujos perigos e absurdos conhecemos muito bem. É uma opção por uma visão de mundo que oferece possibilidades para uma reorganização vagarosa e difícil

daqueles elementos que, em nossa ação, são os mais difíceis de serem organizados: bondade sem que isto signifique tolerar tudo, coragem sem fanatismo, inteligência sem apatia, e esperança sem cegueira. Todos os outros frutos da filosofia são de importância secundária. (Kolakowski)

Os verdadeiros sábios não têm outra missão que aquela de nos fazer rir por meio de seus pensamentos e de nos fazer pensar por meio de seus chistes. (Octavio Paz)

Você sabe que, no humor, as explicações só servem para atrapalhar. Uma anedota explicada é uma anedota que perdeu a graça. O riso brota do prazer da surpresa. "As roupas novas do rei", não? Tudo terminou quando um menino entrou em cena. Ignorava as etiquetas, respeitabilidades, convenções. Mas tinha bons olhos. E berrou, para todo mundo ouvir: "O rei está nu".

Esse menino sonhou tornar-se filósofo. Não conseguiu. Seus possíveis colegas eram sérios demais, levavam-se a sério demais, não sabiam rir. Descobriu, então, que eles não eram os companheiros de brinquedo que desejava. Todos os brinquedos que sugeria (pois é isto o que é pensar: brincar com palavras, como se brinca com peteca, bolinhas de gude, quebra-cabeças...) eles diziam que era coisa de criança. Para eles a verdade é coisa grave, sempre séria, de paletó e gravata, pesada e sem leveza.

Percebeu, então, que era ele que não desejava tê-los como companheiros. Muito melhor a companhia das crianças, e das crianças que moram dentro dos adultos. Está escrito, como uma de suas anotações diárias, o texto seguinte, que revela não só os seus sentimentos como também a sua percepção da verdade:

> Gosto de me assentar aqui onde as crianças brincam, ao lado da parede em ruínas, entre os espinhos e as papoulas vermelhas. Para as crianças eu sou ainda um sábio, e também para os espinhos e as papoulas vermelhas.

E, ao final de um longo poema escrito depois, ele tornou público o seu rompimento com aqueles que pensavam que a verdade se pode dizer sem o riso e sem a beleza. Confessou: "Sou apenas um bufão! Sou apenas um poeta!".

Como ele, eu só desejo brincar com os amigos...

SOBRE JEQUITIBÁS E EUCALIPTOS

Foge, meu amigo, para dentro da tua
solidão. Sê como a árvore que amas com seus
longos galhos: escutando silenciosamente
ela se dependura sobre o mar.

Friedrich Nietzsche

Já se disse que as grandes ideias vêm ao mundo mansamente, como pombas. Talvez, então, se ouvirmos com atenção, escutaremos, em meio ao estrépito de impérios, e nações, um discreto bater de asas, o suave acordar da vida e da esperança. Alguns dirão que tal esperança jaz numa nação; outros, num homem. Eu creio, ao contrário, que ela é despertada, revivificada, alimentada por milhões de indivíduos solitários, cujos atos e trabalho, diariamente, negam as fronteiras e as implicações mais cruas da história.

Como resultado, brilha por um breve momento a verdade, sempre ameaçada, de que cada e todo homem, sobre a base de seus próprios sofrimentos e alegrias, constrói para todos. (Albert Camus)

Para lhes dizer a verdade, não sei onde meu pai arranjou aquele almanaque, velharia do século passado, e que catalogava os municípios das Minas Gerais, um a um. Tenho de confessar que, igual àquele, ainda não vi outro, tão bem-arranjado e consciente das coisas que deviam ser preservadas para a posteridade. Tanto assim que, além de exaltar as belezas do lugar (e que lugar é este que alguma beleza não possui?) e as excelências do clima, passava a descrever as excelências do povo, listando os vultos mais ilustres, a começar, como era de esperar, pelos capitalistas, fazendeiros e donos de lojas, passando então aos médicos, boticários, bacharéis e sacerdotes, sem se esquecer, ainda que no fim, dos mestres-escolas. Lá, bem no começo, seguindo a ordem alfabética, estava Boa Esperança, terra de meu pai, e ele ajeitou os óculos para ver se descobria naquele registro do passado a informação de algum antepassado ilustre, quem sabe alguma glória de que se pudesse gabar! E o dedo indicador foi percorrendo o rol dos importantes, um a um, pelo sobrenome, pois que de primeiro nome todas as memórias já tinham sido apagadas. Até que parou. Lá estava. Não podia haver dúvidas. O sobrenome era o mesmo: Espírito Santo. Profissão: tropeiro. Tropeiro? Isso mesmo. E com a tropa de burros e o barulho imaginário dos sinos da madrinha, pelas trilhas da serra da Boa Esperança que o Lamartine Babo cantou, foram-se também as esperanças de um passado glorioso.

Que aconteceu aos tropeiros? Meu pai se consolou dizendo que, naquele tempo, tropeiro era dono de empresa de transportes. O fato, entretanto, é que o tropeiro desapareceu ou se meteu para além da correria do mundo civilizado, onde a vida anda a passo lento e tranquilizante das batidas quaternárias dos cascos no chão...

E aí comecei a pensar sobre o destino de outras profissões que foram sumindo devagarinho. Nada parecido com aqueles que morrem de enfarte, assustando todo mundo. Aconteceu com elas o que aconteceu com aqueles velhinhos de quem a morte se esqueceu, e que vão aparecendo cada vez menos na rua, e vão encolhendo, mirrando, sumindo, lembrados de quando em vez pelos poucos amigos que lhe restam, até que todos morrem e o velhinho fica esquecido de todos. E quando morre e o enterro passa, cada um olha para o outro e pergunta: "Mas quem era este?". Não foi assim que aconteceu com aqueles médicos de antigamente, sem especialização, que montavam a cavalo, atendiam parto, erisipela, prisão de ventre, pneumonia, assentavam-se para o almoço, quando não ficavam para pernoitar, e depois eram padrinhos dos meninos e não tinham vergonha de acompanhar o enterro? Para onde foram eles? Quem quer ser médico como eles? Também o boticário, um dos homens mais ilustres e lidos da cidade, presença cívica certa ao lado do prefeito e do padre, pronto a discursar quando o bacharel faltava, tendo sempre uma frase em latim para ser citada na hora certa... E o boticário fazia as suas poções, e a gente lavava, em água quente, os vidros vazios em que ele iria pôr os seus remédios. E me lembro também do tocador de realejo que desapareceu, eu penso, porque, com o barulho que se faz nas cidades, não há ninguém que ouça as canções napolitanas que a maquineta tocava. E me lembro também do destino triste do caixeiro-viajante, cujo progressivo crepúsculo e cuja irremediável solidão foram descritos por Arthur Miller em *A morte do caixeiro-viajante*.

Foi o tema que me deram, "a formação do educador", que me fez passar de tropeiros a caixeiros. Todas, profissões extintas ou em extinção.

Educadores, onde estarão? Em que covas terão se escondido? Professores, há aos milhares. Mas o professor é profissão, não é algo que se define por dentro, por amor. Educador, ao contrário, não é profissão; é vocação. E toda vocação nasce de um grande amor, de uma grande esperança.

Profissões e vocações são como plantas. Vicejam e florescem em nichos ecológicos, naquele conjunto precário de situações que as tornam possíveis e – quem sabe? – necessárias. Destruído esse *habitat*, a vida vai se encolhendo, murchando, fica triste, mirra, entra para o fundo da terra, até sumir.

Com o advento da indústria, como poderia o artesão sobreviver? Foi transformado em operário de segunda classe, até morrer de desgosto e saudade. O mesmo com os tropeiros, que dependiam das trilhas estreitas e das solidões, que morreram quando o asfalto e o automóvel chegaram. Destino igualmente triste teve o boticário, sem recursos para sobreviver num mundo de remédios prontos. Foi devorado no banquete antropofágico das multinacionais. E os médicos-sacerdotes? Conseguiam sobreviver, em parte porque as pessoas ainda acreditavam nos chás, cataplasmas, emplastros, simpatias e rezas de comadres e curandeiras. Foi em parte isso que impediu que se amontoassem nos consultórios do único médico do vilarejo. Além disso, o tempo durava o dobro. Por outro lado, a ausência dos milagres técnicos fazia com que as soluções fossem mais rápidas e simples. Bem dizia a sabedoria popular: "o que não tem remédio remediado está". Também a morte era uma solução.

E o educador? Que terá acontecido com ele? Existirá ainda o nicho ecológico que torna possível a sua existência? Resta-lhe algum espaço? Será que alguém lhe concede a palavra ou lhe dá ouvidos? Merecerá sobreviver? Tem alguma função social ou econômica a desempenhar?

Uma vez cortada a floresta virgem, tudo muda. É bem verdade que é possível plantar eucaliptos, essa raça sem-vergonha que cresce depressa, para substituir as velhas árvores seculares que ninguém viu nascer nem plantou. Para certos gostos, fica até mais bonito: todos enfileirados, em permanente posição de sentido, preparados para o corte. E para o lucro. Acima de tudo, vão-se os mistérios, as sombras não penetradas e desconhecidas, os silêncios, os lugares ainda não visitados. O espaço se racionaliza sob a exigência da organização. Os ventos não mais serão cavalgados por espíritos misteriosos, porque todos eles só falarão de cifras, financiamentos e negócios.

Que me entendam a analogia.

Pode ser que educadores sejam confundidos com professores, da mesma forma como se pode dizer: jequitibá e eucalipto, não é tudo árvore, madeira? No final, não dá tudo no mesmo?

Não, não dá tudo no mesmo, porque cada árvore é a revelação de um *habitat*, cada uma delas tem cidadania num mundo específico. A primeira, no mundo do mistério, a segunda, no mundo da organização, das instituições, das finanças. Há árvores que têm uma personalidade, e os antigos acreditavam mesmo que possuíam uma alma. É *aquela* árvore, diferente de todas, que sentiu coisas que ninguém mais sentiu. Há outras que são absolutamente idênticas umas às outras, que podem ser substituídas com rapidez e sem problemas.

Eu diria que os *educadores* são como as velhas árvores. Possuem uma face, um nome, uma "estória" a ser contada. Habitam um mundo em que o que vale é a relação que os liga aos alunos, sendo que cada aluno é uma "entidade" *sui generis,* portador de um nome, também de uma "estória", sofrendo tristezas e alimentando esperanças. E a educação é algo pra acontecer nesse espaço invisível e denso, que se estabelece a dois. Espaço artesanal.

Mas *professores* são habitantes de um mundo diferente, onde o "educador" pouco importa, pois o que interessa é um "crédito" cultural que o aluno adquire numa disciplina identificada por uma sigla, sendo que, para fins institucionais, nenhuma diferença faz aquele que a ministra. Por isso mesmo professores são entidades "descartáveis", da mesma forma como há canetas descartáveis, coadores de café descartáveis, copinhos plásticos para café descartáveis. De *educadores* para *professores* realizamos o salto de *pessoa* para *funções*.

É doloroso mas é necessário reconhecer que o mundo mudou. As florestas foram abatidas. Em seu lugar, eucaliptos. Talvez as coisas estejam um pouco abstratas e, por isso, vou penetrar no campo da experiência pessoal de vocês. Vou fazer uma aposta arriscada e, mesmo que eu perca, creio que conseguirei ilustrar o meu ponto. Minha aposta é que vocês, em sua grande maioria, já passaram por uma fase religiosa (se é que ainda não estão nela, se é que ainda não voltaram para ela). Minha hipótese não é gratuita. Baseia-se em alguns estudos já feitos e relatados por Alvin Gouldner (*The coming crisis of western sociology,* Nova York, Avon Books, 1971, p. 24), que demonstram que uma significativa porcentagem de pessoas que se embrenharam pelo campo das ciências sociais havia pensado, em algum momento de sua vida, em seguir uma vocação religiosa.

Ainda que vocês não tenham passado pela experiência do sagrado, a sua imaginação os ajudará a entender o que desejo dizer. A ética religiosa cristã clássica sempre foi muito clara ao indicar que a moralidade de uma ação se baseia na *intenção*. Em outras palavras, o que *define a identidade* da pessoa, do ponto de vista dessa ética religiosa, não é o que ela *objetivamente* faz, mas antes suas disposições íntimas. Tanto assim que um ato mau pode ser apagado pelo arrependimento. Articula-se aqui um *mundo a partir da interioridade*. Com o advento do *utilitarismo*, entretanto, tudo se alterou. A pessoa passou a ser definida pela sua *produção*: a *identidade* é engolida pela *função*. E isso se tornou tão arraigado que, quando alguém nos pergunta o que somos, respondemos inevitavelmente dizendo o que fazemos. Com essa revolução instaurou-se a possibilidade de se *gerenciar* e *administrar* a personalidade, pois que aquilo que se faz e se produz, a *função*, é passível de medição, controle, racionalização. A *pessoa* praticamente desaparece, reduzindo-se a um ponto imaginário em que várias funções são amarradas.

É isso que eu quero dizer ao afirmar que o nicho ecológico mudou. O *educador*, pelo menos o ideal que minha imaginação constrói, habita um mundo em que a interioridade faz uma diferença, em que as pessoas se definem por suas visões, paixões, esperanças e por seus horizontes utópicos. O *professor*, ao contrário, é *funcionário* de um mundo dominado pelo Estado e pelas empresas. É uma entidade gerenciada, administrada segundo a sua excelência funcional, excelência esta que é sempre julgada a partir dos interesses do sistema. *Frequentemente o educador é mau funcionário,* porque o ritmo do mundo do educador não segue o ritmo do mundo da instituição. Não é de se estranhar que Rousseau se tenha tornado obsoleto. Porque a educação que ele contempla ocorre colada ao imprevisível de uma experiência de vida ainda não *gerenciada.* O que aconteceu nesse meio tempo? Para ser *gerenciada,* a vida teve de ser *racionalizada.* Bem observava Weber que a racionalização exigia que o corpo do operário, animado pelo ritmo biológico do tempo, fosse submetido ao ritmo da máquina, animado pelo tempo estabelecido pela racionalização. E é nesse espaço-tempo, político-institucional, que existe essa entidade contraditória que recebe um salário, tem CIC, RG e outros números, adquire direitos, soma quinquênios, escreve relatórios, assina listas de presença e quantifica os estudantes: o professor. Notem o embaraço da gerência para avaliar esta coisa imponderável que é o ensino. Avaliar pesquisa é muito fácil, porque ela pode ser quantificada: número de artigos publicados em revistas especializadas em português, número de artigos publicados em revistas especializadas no estrangeiro (que valem mais), número de livros escritos. Essas são atividades pelas quais um professor ganha concursos, consegue promoções, ganha acesso à administração de projetos e à administração de recursos. Mas e o ensino? Como avaliá-lo? Número de horas/aula dadas? Neste caso, o professor caixeiro-viajante seria o paradigma. O fato é que não dispomos de critérios para avaliar esta coisa imponderável a que se dá o nome de educação...

E é aqui que se encontra o problema: se não dispomos sequer de critérios para pensar institucionalmente a educação, como pensar o educador? *A formação do educador:* não existirá aqui uma profunda contradição? Plantar carvalhos? Como, se já se decidiu que somente eucaliptos sobreviverão? Plantar tâmaras, para colher frutos daqui a cem anos? Como, se já se decidiu que todos teremos de plantar abóboras, a serem colhidas daqui a seis meses?

O educador é um *ausente.* Nosso espaço funcional, gerenciado, torna possível falar sobre funcionários definidos pela instituição. Mas ele não permite que se fale sobre coisa alguma que se move num espaço definido pela liberdade. O educador tem, assim, o estatuto de um conceito *utópico, de existência prática proibida* e, por isso mesmo, *existência teórica impossível.* E é por isso que as ciências silenciaram sobre ele.

Onde se encontra o educador, no discurso científico sobre a educação, especialmente aquele das ciências sociais? Ah! Descobriu-se que a educação, como tudo o mais, tem a ver com instituições, classes, grandes unidades estruturais, que funcionam como se fossem coisas, regidas por leis e totalmente independentes dos sujeitos envolvidos. E daí chegamos a esta posição paradoxal em que, para se conhecer o mundo humano, é necessário silenciar sobre os homens. Antes de tudo, é necessário um "anti-humanismo" metodológico. A realidade não se move por intenções, desejos, tristezas e esperanças. A interioridade foi engolida. Sobre este ponto concordam as mais variadas correntes científicas. O mundo humano é o mundo das estruturas e seu determinismo. E para que as estruturas se revelem é necessário que se lhes arranque a crosta de pessoas que as cobrem, da mesma forma como se recupera uma peça arqueológica há muito submersa, pela raspagem do limo e do lodo que sobre ela se depositaram. É justo que nos preocupemos com pessoas, mestres e aprendizes. Mas não é neste nível que se encontram as explicações, a ciência do real. *Reprodução. Aparelho ideológico de Estado.* Aqui está a marca do nosso discurso sociológico, reflexo de uma realidade política e institucional: *a autonomia das instituições.*

> Uma vez firmemente organizada, uma organização tende a assumir uma identidade própria que a torna *totalmente independente das pessoas* que a fundaram e mesmo daqueles que são seus membros. (Peter Blau, citado por Gouldner, *op. cit.*, p. 51)

Uma vez aceitos tais pressupostos, como falar sobre o educador? Somente para dizer, talvez, que algumas pessoas têm a *ilusão* de poderem ser educadoras, porque o *fato* é que o controle, já há muito tempo, passou das mãos de pessoas para a lógica das instituições.

No entanto, continuamos a falar sobre o educador, a nos perguntar sobre sua formação – como se ele fosse uma entidade entre outras. Não é curioso isto – que continuemos a falar assim, a despeito de todas as proibições? Proibição prática, proibição teórica... Curioso que essa fantasia continue a nos assombrar e a nos inspirar como visão, talvez, *daquilo que poderíamos ser se não tivéssemos sido domesticados.*

Aqui, talvez, uma ciência pouco ortodoxa possa vir em nosso auxílio, para nos ajudar a compreender este discurso sobre possibilidades ainda não realizadas, que só se articula pela mediação da imaginação e da fantasia. Discurso perigoso e amedrontador, que tem em uma de suas extremidades o *louco* e na outra o *poeta.* Na verdade, que tênues são os limites que os separam porque, cada um, ao seu modo, *recusa-se a falar sobre o real,* preferindo antes *anunciar o ausente.* É evidente que o pensamento marcado pela objetividade bruta, e que se esgota nos objetos apresentados à sua inspeção, recuará com pavor e desprezo, pois ele tem o seu lugar nas opções que triunfaram e nos fatos que se impuseram, enquanto o discurso do imaginário explora o real do ponto de vista de suas ausências, das possibilidades que fracassaram, não por serem menos belas mas por serem mais fracas, mas que continuam presentes na forma de promessas, esperanças, fantasias, utopias... loucura.

Aqui a *palavra*

> não é expressão de uma coisa,
> mas antes da *ausência* desta coisa,
> palavra que faz com que as coisas desapareçam,

impondo em nós o *sentimento de uma ausência universal.*
(Maurice Blanchot, *Le paradoxe d'autre, Les Temps Modernes,* jun. 1946, p. 1.580)

É a ciência pouco ortodoxa da psicanálise que nos informa que o discurso sobre as ausências – discursos dos sonhos, das esperanças – tem o seu lugar na interioridade de nós mesmos, explodindo, emergindo, irrompendo sem permissão, para invadir e embaraçar o mundo tranquilo, racional e estabelecido de nossas rotinas institucionais. Seria possível, então, compreender que a polaridade entre educadores e professores não instaura uma dicotomia entre duas classes de pessoas, umas inexistentes e heroicas, outras existentes e vulgares, mas antes uma *dialética* que nos racha a todos pelo meio, porque todos somos educadores e professores, águias e carneiros, profetas e sacerdotes, reprimidos e repressores.

Não é por acidente, então, que os professores sejam aqueles que sonham com os educadores, e os funcionários tenham visões de liberdade, e os animais domésticos façam poemas e tenham loucuras sobre o selvagem que habita cada um deles.

Não se trata de formar o educador, como se ele não existisse. Como se houvesse escolas capazes de gerá-lo, ou programas que pudessem trazê-lo à luz. Eucaliptos não se transformarão em jequitibás, a menos que em cada eucalipto haja um jequitibá adormecido.

O que está em jogo não é uma técnica, um currículo, uma graduação ou pós-graduação. Nenhuma instituição gera aqueles que tocarão as trombetas para que seus muros caiam.

O que está em jogo não é uma administração da vocação, como se os poetas, profetas, educadores pudessem ser administrados.

Necessitamos de um ato mágico de exorcismo. Nas estórias de fadas é um ato de amor, um beijo, que acorda a Bela Adormecida de seu sono letárgico, ou o príncipe transformado em sapo.

Diz-nos Freud que a questão decisiva não é a compreensão intelectual, mas um ato de amor. São os atos de amor e paixão que se encontram nos momentos fundadores de mundos, momentos em que se encontram os revolucionários, os poetas, os profetas, os videntes. É depois, quando se esvai o ímpeto criador, quando as águas correntes se transformam primeiro em lagoas, depois em charcos, que se estabelecem a gerência, a administração, a burocracia, a rotina, a racionalização, a racionalidade.

A questão não é gerenciar o educador.

É necessário *acordá-lo*.

E, para acordá-lo, uma experiência de amor é necessária.

Já sei a pergunta que me aguarda:

"E qual é a *receita* para a experiência de amor, de paixão? Como se administram tais coisas? Que programas as constroem?"

E aí eu tenho de ficar em silêncio, porque não tenho resposta alguma.

Na verdade, quando nos propomos tais perguntas estamos, realmente, nos questionando: Por que não ficamos grávidos e grávidas com o educador? Por que não somos consumidos pela paixão, por mais irracional que ela seja? Ah! Como a paixão é doce. Somente os apaixonados sabem viver e morrer. Somente os apaixonados, como D. Quixote, vislumbram batalhas e se entregam a elas. A paixão é o segredo do sentido da vida. E que outra questão mais importante poderá haver? Dizia Camus que o único problema filosófico realmente sério é "julgar se a vida é digna ou não de ser vivida".

E ele comenta que, diante de tal questão, todos os problemas fácticos, científicos, perdem o seu sentido. "Nunca vi ninguém morrer pelo argumento ontológico", ele diz. E Galileu fez muito bem em se retratar perante a Inquisição. Porque a verdade científica não valia uma vida. "Se a Terra gira em torno do Sol ou se o Sol gira em torno da Terra, é uma questão de profunda indiferença." "Por outro lado", ele continua:

> (...) vejo muitas pessoas morrerem porque julgam que a vida não é digna de ser vivida. Vejo outros, paradoxalmente, sendo mortos por idéias ou ilusões que lhes dão uma razão para viver – razões para viver são também excelentes razões para morrer. Concluo, portanto, que o sentido da vida é

a mais urgente das questões. (Albert Camus, *The myth of sisyphus*, Nova York, Random House, 1955, pp. 3-4)

Eu me atrevo a dizer que o fantasma que nos assusta e que nos causa pesadelos mesmo antes de adormecer, o fantasma que nos faz contar, apressados, os anos que ainda nos faltam para a aposentadoria, é a absoluta falta de amor e paixão, o absoluto enfado das rotinas da vida do professor. E por mais força que façamos, não descobrimos aí uma razão para viver e morrer.

Que amante quereria aposentar o seu corpo depois de vinte e cinco anos de experiências de amor? O amor e a paixão não anseiam pela aposentadoria, porque são eternamente jovens.

No entanto, são causas como esta, a aposentadoria do professor aos vinte e cinco anos, que nos mobilizam. Não me entendam mal. Não vai aqui uma crítica. Vai apenas uma constatação: como deve ser sem sentido a vida de alguém que, após vinte e cinco anos, se sente exaurido! Recordo-me da descrição que Marx fazia da situação do trabalhador, vivendo sob a condição de alienação. A contradição é a mesma. De um lado, a *possibilidade* ausente do *trabalho como experiência expressiva,* lúdica, criadora, por meio da qual o trabalhador compõe, como se fosse um artista, o seu próprio mundo. Do outro, a *realidade* do trabalho, como trabalho forçado, trabalho para outro, trabalho sem investimento erótico, trabalho que se faz não pelo prazer que dele se deriva, mas apenas porque, com o que dele se ganha, o trabalhador pode se dar ao luxo de se dedicar um pouco àquilo de que ele gosta, *fora do trabalho*. É neste contexto, e apenas nele, que a aposentadoria faz sentido, e se apresenta como um ideal de libertação. Seria possível pensar que Guimarães Rosa, Picasso ou Miguel Ângelo tivessem, como programa, a jubilação de suas funções? Se, no momento, a aposentadoria é impossível, talvez a alternativa seja não uma "sociedade sem escolas", como queria Illich, mas uma escola sem alunos... O trabalho forçado seria menos penoso. É claro que, no contexto da fábrica, a emergência da criatividade e do trabalho lúdico significaria o estabelecimento da *anarquia*: a abolição da gerência da atividade. Não se pode pensar, portanto, que nenhum sistema baseado nos princípios da racionalização e da administração de recursos possa cometer a insensatez de fazer lugar para o "preparo da criatividade" – como não pode fazer lugar para o preparo do educador. Melhores professores, sim. Porque bons professores, dentro deste quadro, são gerentes de produção, controladores de qualidade, especialistas no ensino de técnicas. Mas se se acende a fornalha que faz entrar em ebulição o caldeirão mágico da criatividade, preparam-se os caminhos que conduzem dos subterrâneos reprimidos do inconsciente até o nosso mundo diurno-institucional; abrem-se as portas das feras selvagens não reprimidas; soltam-se as águias. E o mundo tranquilo de instituições, burocracias, orçamentos, projetos e relatórios entra em crise.

Por que nos tornamos animais domésticos? Por que nos esquecemos dos nossos sonhos? Que ato de feitiço fez adormecer o educador que vivia em nós?

Aqui é fácil encontrar explicações apontando para os donos do poder: foram eles que nos castraram.

Tenho, entretanto, a suspeita de que esta não é toda a estória a ser contada. Pergunto-me se nós mesmos não preparamos o caminho.

Quando os ferros em brasa nos marcaram, não é verdade que já éramos bois de carro, há muito tempo?

Pergunto-me se a nossa domesticação não começou justamente quando nos deixamos hipnotizar pelas canções de amor que a ciência nos cantou... Bem dizia o mestre Wittgenstein que a linguagem tem um poder enfeitiçante. E eu me pergunto: de que palavras nos alimentamos? Deixados para trás os anos de paixão religiosa, para que novos textos sagrados nos voltamos? De onde retiramos a inspiração para a nossa meditação?

É necessário, antes de tudo, objetividade.

Que o cientista não fale; que seja o objeto que fala através do seu discurso.

Valores? Paixão? Confissões de amor? Nada mais que ideologia. "O que importa é o que é e o que seremos forçados a fazer por esta realidade."

E foi assim que aprendemos a *assepsia do desejo, a repressão do amor, a vergonha de revelar as paixões e as esperanças.* Dizer os próprios sonhos? Contar as utopias construídas no silêncio? Quem se atrevia? Quem tinha coragem bastante para escrever com sangue? Com certeza que tais heróis foram poucos nos corredores da academia. E nem podia ser de outra forma: porque tínhamos medo uns dos outros. Eu sempre me lembro da denúncia que Nietzsche fazia daqueles que pretendiam ser donos do saber:

> Eles se entreolham com cuidado e desconfiança.
> Engenhosos em astúcia pequena,
> esperam aqueles cujo conhecimento anda com
> pernas mancas. Esperam, como se fossem
> aranhas... (Friedrich Nietzsche, "Thus spoke Zarathustra",
> em Walter Kaufmann, *The portable Nietzsche,* Nova York,
> Viking Press, 1965, p. 237)

As coisas caminharam de mãos dadas.

De um lado, sucumbimos ao fascínio da ideologia da ciência e suas promessas de um conhecimento objetivo e universal. De outro, deixamo-nos intimidar e tivemos medo do escárnio. Por isso mesmo, retiramo-nos do nosso falar. E nossa ausência do nosso discurso significa, praticamente, que ele é vazio de significação humana. Pertence à classe de todos aqueles discursos pelos quais ninguém está pronto nem a viver, nem a morrer, apontados por Camus.

Se nem nós estávamos em nosso discurso, como poderíamos pretender que aqueles que a escola nos entregou como alunos estivessem? Assim, o discurso da escola ficou, progressivamente, como algo solto no ar, que não se liga, pelo desejo, nem aos que fazem de conta que ensinam, nem aos que fazem de conta que aprendem. Ninguém fala. Quem fala é um sujeito universal, abstrato: observa-se, nota-se, constata-se, conclui-se. Não foi assim que nos ensinaram? Não foi assim que ensinamos? Lembro-me das palavras de fogo e ira que Zaratustra lançou contra aqueles que sucumbiram a esta tentação:

> É isto que, aos vossos ouvidos, segreda o
> vosso espírito mentiroso:
> – Eis o meu valor mais alto:
> olhar para a vida, sem desejo –
> – não com a língua pendente, como
> se fosse um cão.
> Encontrar a felicidade na
> pura contemplação, com uma
> vontade que morreu,
> o corpo inteiro frio e inerte, como cinza...
> percepção imaculada de todas as coisas!
> Que é que ela significa, para mim?
> Que das coisas nada desejo
> exceto a permissão de ficar
> prostrado perante elas,
> como um espelho de cem olhos. (*Ibidem*, p. 234)

De fato, espelho de cem olhos. De fato, uma vontade que morreu. De fato, o ideal da objetividade. De fato, um discurso pretensamente colado ao objeto. De fato, um discurso do qual o sujeito se ausentou.

O resultado?

A um discurso que não é uma expressão do amor falta o poder mágico de acordar os que dormem, falta o poder mágico para criar. E Zaratustra conclui: "E esta será a vossa maldição, vós, que sois imaculados, vós, percebedores puros: nunca dareis à luz, ainda que estejais gordos e grávidos no horizonte" (*ibidem*, p. 235).

Jaspersen observou, certa vez, que "os homens cantaram suas emoções antes de enunciar as suas ideias". Mas existe também a situação inversa: a de enunciar ideias mesmo depois que delas fugiram o amor e o desejo – sonambulismo, ventriloquia. Não será essa a nossa situação?

E eu pensaria que o acordar mágico do educador tem então de passar por um ato de regeneração do nosso discurso, o que sem dúvida exige fé e coragem: coragem para dizer em aberto os sonhos que nos fazem tremer. A formação do educador? Antes de mais nada: é necessário reaprender a falar.

Em *Gabriela, cravo e canela* há um momento em que a filha de um coronel diz à sua mãe que pretende casar-se com um professor. Ao que a mãe retruca, numa clássica lição de realismo político:

> E o que é um professor, na ordem das coisas?
> Que tem o ensino a ver com o poder?
> Como podem as palavras se comparar com as armas?
> Por acaso a linguagem já destruiu e já construiu mundos?

Parece que o destino do educador se dependura na resposta a estas questões. Se fazemos a nossa aposta em que o mundo humano é regido por leis idênticas àquelas que movem o universo físico, se acreditamos que a sociedade tem o estatuto de coisa, se aceitamos que o futuro não passa por dentro do que pensamos e do que dizemos, em resumo, se não arriscamos tudo na confiança de que a palavra tem um poder criador, resta-nos então uma única opção: o silêncio. É muito revelador que Marx, para destruir os hegelianos de esquerda, que acreditavam que *também as palavras* entram na argamassa com que a sociedade é construída, o tivesse feito justamente com o auxílio de palavras: *A ideologia alemã*. Se a crítica deixa as coisas como estão, por que fazer a crítica da crítica? Se as palavras são vazias de poder, por que usar tantas palavras para discutir o poder? Não, o fato é que todos aqueles que ainda têm a ousadia de falar e escrever acreditam, ainda que de forma tênue, que o seu falar faz uma diferença.

Isto é de crucial importância para o educador, e desta crença depende o seu sono e o seu acordar. Porque, com que instrumentos trabalha o educador? Com a palavra. O educador fala. Mesmo quando o seu trabalho inclui as mãos, como o mestre que ensina o aprendiz a moldar a argila, ou o cientista que ensina o estudante a manejar o microscópio, todos os seus gestos são acompanhados de palavras. São as palavras que orientam as mãos e os olhos.

Vocês, que acompanharam o documentário *Raízes negras* ou leram o livro, se lembrarão de que, quando Kunta Kinte foi vendido a um dono, um novo nome lhe foi dado. E isso não foi acidental. O primeiro ato de domínio exige que o dominado esqueça o seu nome, perca a memória do seu passado, não mais se lembre de sua dignidade e aceite os nomes que o senhor impõe. A perda da memória é um evento escravizador. É por isso mesmo que a mais antiga tradição filosófica do mundo ocidental afirma que o nosso destino depende de nossa capacidade e vontade de recuperar memórias perdidas. Na linha que vai de Platão a Freud, o evento libertador exige que sejamos capazes de dar nomes ao nosso passado. A lembrança é uma experiência transfiguradora e revolucionária. Tanto assim que Marcuse chega a se referir à função subversiva da memória. Por mais curioso e paradoxal, parece que o mais distante é aquilo que está mais próximo do nosso futuro.

E agora eu convidaria esta pessoa singular, que só tem nas mãos a palavra, a um ato de exorcismo e quebra de feitiço. É necessário lembrar, recuperar a memória dos momentos em que o mundo foi instaurado. Lá, quando a criança, com seus olhos virgens, olha para o todo amorfo e inominável ao seu redor, e a desordem gira em torno dela, até que *a palavra* lhe é dirigida, dando nomes, impondo ordem, fazendo nascer um mundo... "No princípio era a Palavra..." Não qualquer palavra, porque as palavras eficazes são aquelas que partem daqueles que são os *outros significativos,* aqueles que têm com a criança um destino comum, aqueles para quem a criança importa, porque ela será uma companheira numa mesma habitação, seja casa, seja vila, seja jornada...

Jornadas também são habitações. E ali descobrimos que

> cada pessoa que entra em contato com a criança é um professor que incessantemente lhe descreve o mundo, até o momento em que a criança é capaz de perceber o mundo tal como foi descrito. (Carlos Castañeda, *Journey to Ixtlan,* Nova York, Simon & Schuster, 1972, p. 8)

E o que é um professor, na ordem das coisas?

Talvez que um professor seja um funcionário das instituições que gerenciam lagoas e charcos, especialista em reprodução, peça num aparelho ideológico de Estado. Um educador, ao contrário, é um fundador de mundos, mediador de esperanças, pastor de projetos.

Não sei como preparar o educador. Talvez porque isso não seja nem necessário, nem possível... É necessário acordá-lo. E aí aprenderemos que educadores não se extinguiram como tropeiros e caixeiros. Porque, talvez, nem tropeiros, nem caixeiros tenham desaparecido, mas permaneçam como memórias de um passado que está mais próximo do nosso futuro que o ontem. Basta que os chamemos do seu sono, por um ato de amor e coragem. E talvez, acordados, repetirão o milagre da instauração de novos mundos.

SOBRE O DIZER HONESTO

Nunca mostres o teu poema a um não poeta.

Ditado Zen

E há aquela estória, contada pelo Theodore Roszak, de uma sociedade de rãs que vivia no fundo de um poço. Como nunca haviam saído de lá, para todos os efeitos práticos, "os limites do seu poço denotavam os limites do seu mundo". É sempre assim. É difícil pensar para além da experiência... Acontece que um pintassilgo descobriu o poço, descobriu as rãs, morreu de dó, e resolveu contar o que havia lá fora. E falou de campos verdes, vacas plácidas, águas limpas, flores, frutos, florestas, e tudo o mais que se pode ver neste mundo que enche os olhos... A princípio gostaram das fantasias do pintassilgo. Um bom contador de casos. Depois um grupo de filósofos parou para analisar o seu discurso, e concluiu que se tratava de ideologia, das perigosas, cheia de engodos alienantes. Na próxima vez que a avezinha lhes fez uma visita, antes que abrisse o bico lhe torceram o pescoço. "Boca que conta mentira não merece falar." Morto o bicho, empalharam-no e o colocaram no museu das conquistas da crítica da ideologia. A estória original não é bem assim, pois eu a adaptei ligeiramente para servir de começo para uma conversa sobre a "ideologia da educação". O fato é que é fácil ver a ideologia nos outros, do jeitinho das rãs... Até hoje não vi ninguém que confessasse, sem pedir desculpas, ser um habitante das ideologias. Ao contrário, todo cientista que se preza faz a crítica das ideologias, vê com clareza, percebe o equívoco dos outros, do jeitinho das rãs...

Assim, em vez de falar sobre os equívocos sem fim que os outros, ainda não iluminados pela crítica sociológica e filosófica, espalham e aceitam, queria começar com a confissão: somos rãs, no fundo do poço. Em vez de fazer a crítica da ideologia do pintassilgo, é hora de parar para apalpar a nossa própria ideologia. Respirar fundo, sentir que a coisa cheira mal. É bem verdade que todo mundo se acostuma com o mau cheiro e chega mesmo a se sentir mal quando vai para as montanhas. Passar a mão, sentir as coisas visguentas, nossas companheiras. Perguntar ao nosso corpo, esta vítima silenciosa, como é que ele se sente. Olhar para as coisas e as caras das pessoas. Ouvir o que elas dizem. Nietzsche dá um conselho para quem quer casar que deveria ser dado a todo mundo. Diz ele que, no ardor do fogo do amor, cada um deveria se perguntar: "Será que vou aguentar conversar com esta (ou este) aí, até o fim da minha vida?" E é isto o que deveríamos perguntar ao ouvir o que os outros dizem. Porque a conversação, este tênue fio que sustenta o mundo, é como a água em que nadamos. Na verdade, molha muito mais, porque entra pelos ouvidos e afoga frequentemente a razão e não raro a compaixão... Tudo isto constitui o nosso poço. Parafraseando Wittgenstein, é doloroso reconhecer que "os limites do nosso poço denotam os limites do mundo".

Acontece que, na grande maioria das vezes, tudo isso é inconsciente. E, quanto mais inconsciente, mais insinuante, mais poderoso. Como deve ser difícil para o peixe imaginar o que é um aquário, compreender que a sua vida é um aquário. Ele flutua e nada na água, tranquilo, sem se dar conta... Fazer um exercício de honestidade e franqueza. Dizer o lugar silencioso, não dito ou mal dito, de onde vemos e falamos. É daí que arquitetamos o nosso mundo. Teia em que nos movemos. Teia, sim, como a da aranha: feita com materiais de fora, porque nada se faz *ex-nihilo,* mas que foram antes engolidos, digeridos, assimilados, tornados semelhantes ao corpo do devorador-tecelão... De fato, porque será daí que ele despedaçará e devorará a ideologia dos outros que, incautos, caem em suas malhas.

É isto que desejo: falar sobre nosso lugar ideológico, nosso aquário, nossa teia, nosso poço, nossa conversação.

Claro que as rãs se julgavam cientistas, donas de conhecimento objetivo, em oposição ao pintassilgo, produtor de pensamento interessado... Acontece que eu não aceito tal separação. Todo pensamento sai do nosso ventre, como o fio da teia. Cada teoria é um acessório da biografia, cada ciência, um braço do interesse. Pelo menos tenho em Gunnar Myrdal um companheiro: "ciência social desinteressada nunca existiu e, por razões lógicas, não pode existir" (*Objectivity in social research,* Nova York, Pantheon Books, 1969, p. 55). E também Alvin Gouldner, que diz candidamente que

> cada teoria social é também uma teoria pessoal que inevitavelmente expressa e coordena as experiências pessoais dos indivíduos que a propõem. Muito do esforço do homem para conhecer o mundo ao seu redor resulta de um desejo de conhecer coisas que lhe são pessoalmente importantes. (Alvin Gouldner, *The coming crisis of western sociology,* Nova York, Avon Books, 1971)

A primeira tarefa, portanto, é dizer o poço, reconhecer o aquário, tomar consciência da teia com que prendemos, aprendemos e somos presos... De novo Myrdal: "as premissas valorativas das ciências sociais devem ser *explicitamente declaradas* e não ocultadas..." (*op. cit.,* p. 63).

Imagino que estas confissões preliminares possam causar arrepios. Elas não têm o cheiro certo. Que ideias têm cheiro é coisa tranquila e além de dúvida, e a este ponto voltaremos depois de dois dedos de prosa. E o que causa os arrepios são alguns odores que não misturam bem, conflitos valorativos.

A começar pelo estilo. Se cada teoria social é uma teoria pessoal, falar no impessoal, sem sujeito, não passa de uma consumada mentira, um passe de mágica que procura fazer o perplexo leitor acreditar que não foi alguém muito concreto que escreveu o texto, mas antes um sujeito universal, que contempla a realidade de fora dela. E assim tornamo-nos como aquele dançarino de quem Kierkegaard zombava. Pulava muito alto, o que produzia palmas do auditório. Mas queria que todos acreditassem que ele não saltava, mas voava. O que fazia com que todos caíssem na gargalhada. Os impessoais "observa-se", "constata-se", "conclui-se" são o ato mágico pelo qual o pulo quer se transformar em voo: desaparece a pessoa de carne e osso que realmente viu, pensou e escreveu, e no seu lugar entra um espírito universal. Mas parece que o fascínio do voo é um dos pressupostos do nosso poço, uma das regras do mundo da ciência. E estou propondo que a gente tome consciência dele e o exorcize por meio do riso. E que recuperemos a coragem de falar na primeira pessoa, dizendo com honestidade o que vimos, ouvimos e pensamos. Escrever biograficamente, sem vergonha.

> De tudo o que está escrito, eu amo somente aquilo que o homem escreveu com o seu próprio sangue. Escreve com sangue e experimentarás que sangue é espírito. (F. Nietzsche, "Thus spoke Zarathustra", em Walter Kaufmann, *The portable Nietzsche*, Nova York, Viking Press, 1965, p. 152)

Vai-se a modéstia dos impessoais, modéstia que esconde a arrogância da pretensão de universalidade. Não, é necessário reconhecer que "o mundo dos felizes é diferente do mundo dos infelizes" (Wittgenstein, *Tractatus logico philosophicus,* São Paulo, Companhia Editora Nacional, 1968, p. 127, parágrafo 6.43), que o mundo das rãs é diferente do mundo do pintassilgo, que o mundo dos operários é diferente do mundo dos intelectuais, que o mundo dos fortes é diferente do mundo dos fracos. E que, frequentemente, as diferenças se encontram em categorias menos abrangentes, mais do corpo como uma azia, uma impotência sexual, a cor da pele, a idade, o sexo... É, tenho de confessar que ainda acredito na existência das pessoas, acredito que aquilo que acontece com os seus corpos faz uma diferença, e que nem tudo pode ser reduzido à sua classe social. Minhas palavras são extensões do meu corpo, meus membros se apoiam nelas – daí que elas não são nunca, para o sujeito que sangra, meros reflexos ideais, sublimados, inversões ópticas da realidade. Quando a realidade está em jogo, quem toca em uma de minhas palavras é como se tocasse na menina dos meus olhos... As palavras podem matar.

E aqui os arrepios dão a volta porque a questão da *objetividade* científica fica dolorosamente em suspenso. De fato, parece que, se não podemos fazer uma opção clara pelo conhecimento universal marcado pelos impessoais, somos lançados numa torre de Babel em que as múltiplas ciências se dizem e se contradizem, sem que seja possível uma decisão acerca de sua verdade ou falsidade.

Este assunto exigiria outra conversa. Por ora, para os meus propósitos, basta reconhecer que, empiricamente, o tal sujeito portador de uma subjetividade livre de valores nunca foi encontrado. Por razões óbvias. Pensar a vida divorciada de elementos libidinais é uma impossibilidade, pois a vida é preconceituosamente seletiva e embaraçosamente parcial em suas estruturações. A ausência de desejo, como centro da consciência, talvez marque o momento da própria morte. Como observa Werner Satark, "é possível que o pensamento livre de valores seja um ideal, mas com toda a certeza ele não é uma realidade em parte alguma" (*The sociology of knowledge*, Londres, Routledge & Kegan Paul, 1967, p. 71). E mais, basta concordar com a afirmação de Karl Popper:

> Nós não conhecemos. Nós só podemos fazer palpites. E os nossos palpites são guiados pela fé não científica, metafísica, em leis e regularidades que podemos descobrir, descobrir.
>
> O velho ideal científico de *episteme*, conhecimento certo, demonstrável, provou ser um ídolo.
>
> A exigência de objetividade, em ciência, exige que cada declaração científica permaneça, para sempre, *tentativa*.
>
> (*The logic of scientific discovery*, Nova York, Harper, 1968, pp. 278 e 280, parágrafo 85)

Portanto, tenho de dizer onde me localizo para que, de saída, fiquem claras as razões de muitos dos nossos possíveis encontros e inevitáveis desencontros.

De início, creio que é necessário *voltar ao corpo*. Não é o corpo o centro absoluto, de onde tudo se irradia?

No campo de batalha, na câmara de torturas, num navio que afunda, as questões pelas quais você luta são sempre esquecidas, porque o corpo incha até que enche o universo todo; e mesmo quando você não está paralisado pelo pavor ou gritando de dor, a vida é uma luta que se desenrola, momento a momento, contra a fome, o frio, a insônia, contra uma azia ou uma dor de dentes. (Orwell, *1984*)

Não serão fúteis todas as questões que não dizem respeito ao corpo? E se o homem se entrega a questões, as mais distantes, as mais abstratas, não será por causa do seu amor ao seu corpo, a sede de sua dor, o lugar do seu amor, a possibilidade de prazer? Weber estava correto ao afirmar que mesmo as pessoas religiosas em busca de um céu no futuro estão, em última análise, pensando e agindo a partir de necessidades do aqui e do agora. (Gerth e Mills, *From Max Weber,* Nova York, Oxford University Press, 1958, p. 278)

Quem acredita no céu pode dormir melhor e quem confia na providência divina tem menos enfartes do miocárdio. O destino daqueles cujos corpos se libertam do ópio religioso parece ser uma nova dependência, agora secular e legitimada pela ciência, nos sacramentos da bioquímica e nos sacerdotes do inconsciente: o corpo não perdoa.

O conhecimento está ao serviço da necessidade de viver, e, primariamente, ao serviço do instinto de conservação pessoal. E essa necessidade e esse instinto criaram, no homem, os órgãos do conhecimento, dando-lhes o alcance que possuem. O homem vê, ouve, apalpa, saboreia e cheira aquilo que *precisa* de ver, ouvir, apalpar, saborear ou cheirar, para conservar a sua vida. (Miguel de Unamuno, *Do sentimento trágico da vida,* Porto, Educação Nacional, 1953, p. 38)

E não me digam que estes são interesses burgueses – como se os operários não tivessem corpos, e sentissem dor de dentes com os dentes de sua classe social, e fizessem amor com os genitais de sua classe social, e vertessem lágrimas com os olhos da classe social. Classe social pode ser e é um conceito teórico da mais alta importância para o cientista que coloca o corpo entre parênteses. Mas para quem está sofrendo, ela não existe. O que existe é a dor imensa, dor que é prelúdio de morte, morte que tem a ver com o meu corpo, único, irrepetível, centro do universo. Na verdade, a significação humana de um conceito como o de classe social e a sua possível eficácia política se derivam do fato de que *uma classe é uma forma social de se manipular o corpo.* Os pobres cheiram mal, não tratam os dentes, têm fome com mais frequência e não podem afinar suas sensibilidades de sorte a gostar de Beethoven. Isto, além de apanhar com mais frequência e morrer mais cedo. Para uma pessoa de carne e osso é este o sentido de classe social: os possíveis e impossíveis para o seu corpo. O corpo é a entrada da alma, a dor e o prazer, os fundamentos do pensamento. Economia? Mas o que é a economia senão a luta do homem com o mundo, homem que é corpo e quer transformar o mundo inteiro numa extensão do corpo? Pelo menos é assim que aprendi de Marx.

A universalidade do homem aparece na atividade prática universal pela qual ele *transforma a totalidade da natureza no seu corpo inorgânico. (...) A natureza é o corpo inorgânico do homem...* Dizer que o homem *vive* da natureza é dizer que a natureza é o seu *corpo,* com o qual ele deve estar em trocas constantes, a fim de não morrer. (Karl Marx, *Manuscritos filosóficos e econômicos,* parágrafo XXIV)

Mais adiante, ao analisar a propriedade privada, vai mostrar que a sua consequência fundamental se encontra na metamorfose do corpo que produz. O corpo de muitos sentidos eróticos é reduzido a uma abstração civil que dispõe de um meio apenas de relação com os objetos: a posse. O que, sem dúvida, põe de cabeça para baixo a forma burguesa de pensar, que acha que a propriedade privada é uma defesa, salvaguarda, fortaleza, couraça, do corpo.

A propriedade privada nos tornou tão estúpidos e parciais que somente consideramos como *nosso* um objeto quando o possuímos... Assim, todos os sentidos físicos e intelectuais são substituídos pela simples alienação de todos eles, o sentido do ter. (*Ibidem,* parágrafo XXXIX, [4])

A apropriação erótica dos objetos, pelo corpo, fundamento do prazer e da felicidade, é substituída por uma forma de relação pela qual o corpo se relaciona apenas com uma representação simbólica, abstrata, do objeto. Não é este o sentido do capital?

Já espero ouvir alguém me dizer: "Mas este é o Marx jovem, imaturo, ainda não cientista. O Marx real, nós o encontraremos em *O capital.* Somente aqui ingressamos na ciência". Confesso minha total perplexidade e ignorância. Que se pretende com isso? Que somente as relações abstratas, que pertencem aos valores de troca e, portanto, ao capital, sejam constitutivas da realidade? Parece-me, ao contrário, que o fato de serem tais relações passíveis de ser tratadas com rigor estrutural não lhes confere maior densidade ontológica. O que se deriva disso é a conclusão banal de que dispomos de métodos de análise que nos permitem compreender com rigor certas relações estruturalmente determinadas. Mas o corpo, a dor de dente, a fome, o absolutamente individual desvaneceram-se no ar? Deixaram de ser realidade? O discurso a seu respeito – pode ele ser reduzido à condição de poesia ou metafísica? É curioso como aqui nos aproximamos dos mesmos chavões do positivismo.

As opções e confissões se colam. O discurso na primeira pessoa, vazio dos impessoais universais, está ligado à opção pelo corpo. Porque o corpo só fala assim. Aqui, a primeira confissão. Se me perguntarem o que é que ela tem a ver com o problema da ideologia e da educação, devolverei a pergunta. Não será verdade que *o propósito de toda a educação é a domesticação do corpo?* Não será verdade que este é um programa de natureza política, e que, como tal, descansa sobre uma ideologia? Por favor, não pensem em escolas quando eu me referir à educação. Escolas são instituições tardias e apertadas, enquanto a educação tem a idade do nascimento da cultura e do homem. Os dois nasceram num mesmo ato, não? Foi quando uma geração teve de ensinar à outra a humanidade por eles inventada... Na verdade, das primeiras palavras e primeiros gestos, que fazem os mestres – pais, mães, irmãos, sacerdotes, padrinhos – senão ensinar a um aprendiz o uso "correto" do seu corpo, uso conforme as expectativas sociais? E o corpo aprende a fazer as necessidades fisiológicas nos lugares e tempos permitidos, a conquistar o relógio biológico e a acordar segundo o tempo convencional das atividades socialmente organizadas, a se disciplinar como guerreiro, como artista ou como puro cérebro.

E eu me perguntaria se o tão decantado fracasso de nossas instituições e práticas educativas não se deve *à resistência do selvagem que nos mantém rebeldes,* e se recusa a aceitar a deformação do corpo...

Que significa maior eficiência nos processos educacionais? Maior eficácia na domesticação da fera? Seguimos, segundo Norman O. Brown, "o caminho da sublimação", da repressão do corpo e das gratificações substitutivas: estabelecemos, como valor educacional supremo, o cultivo da inteligência pura que, se Ferenczi está correto, é uma consequência de perda de sensibilidade, expressão de uma morte precoce e, em última instância, loucura racionalizada. (Norman O. Brown, *Vida contra a morte,* Petrópolis, Vozes, 1974, capítulo XVI).

É o retorno ao corpo que nos proíbe de perguntar sobre condições de maior eficácia.

Mas o retorno ao corpo tem, para mim, uma significação muito ligada às próprias condições de aprendizagem. E volto novamente aos aforismos de Nietzsche:

> Corpo eu sou, inteiramente, nada mais.
> Alma é apenas um nome para algo que pertence ao corpo.
> O corpo é a grande razão...
> Um *instrumento* do seu corpo é também a sua pequena razão, a que você dá o nome de "espírito" – um *pequeno instrumento* e um *brinquedo* de sua grande razão. (Walter Kaufmann, *op. cit.*, p. 146)

Voltar ao *corpo como grande razão* tem, para mim, um sentido político e um sentido pedagógico. *Político,* porque é o corpo que dispõe de um olfato sensível aos aspectos *qualitativos* da vida social, em oposição às funções cerebrais, tão ao gosto dos tecnocratas e dos comandantes, que trabalham sobre as abstrações quantitativas. *Pedagógico,* porque a sabedoria do corpo o impede de sentir, apreender, processar, entender, resolver problemas que não estejam diretamente ligados às suas condições concretas. Como já se repetiu *ad nauseam,* "a vida não é determinada pela consciência, é a consciência que é determinada pela vida". Muito se repetiu, pouco se entendeu. E a prova disso é a *imensa distância que existe entre o falado e o vivido.* Sem dúvida a fala é marxista, mas a prática se situa dentro da mais grosseira caricatura do idealismo. *O corpo só preserva as ideias que lhe sejam instrumentos ou brinquedos* – que lhe sejam úteis, que o estendam, para a incorporação da natureza como parte de si mesmo; que lhe deem *prazer,* porque não se vive só de pão, mas também de jogo erótico e artístico. A volta ao corpo implica a exigência de uma assepsia geral e rigorosa em que todos os produtos da educação são colocados de quarentena, para que o corpo se desafogue e desengasgue e possa tomar a iniciativa de selecionar e usar somente aquilo que lhe convier, se o quiser.

Diz Fernando Pessoa que "pensamento é doença dos olhos". Correto. O pensamento se insinua onde a visão falhou. Ou onde o ouvido, e o olfato, e a língua e a pele falharam. *A palavra é o testemunho de uma ausência.* Como tal, ela possui uma *intenção mágica,* a de trazer à existência o que não está lá... A intenção de manter viva a promessa do retorno. Mais que simples símbolos operacionais, as palavras me ligam aos objetos do meu amor, ausentes. Recordando o que diz Maurice Blanchot, a linguagem autêntica

> (...) não é a expressão de uma coisa, mas antes a ausência desta coisa... A palavra faz desaparecer as coisas e nos impõe um sentimento universal de que alguma coisa está faltando...
> (...) *n'est pas l'expression d'une chose, mais l'absence de cette chose... Le mot fait disparaître les choses et nous impose le sentiment d'une manque universel et même de son prope manque.* (Citado por Herbert Marcuse, *Reason and revolution,* Boston, Beacon Press, 1966, p. xi)

Fala o corpo porque *falta* algo ao corpo. A fala, o pensamento são atos de êxtase – estar fora do seu lugar e do seu momento. *Instrumentos exploratórios de mundos possíveis e só assim horizontes utópicos* para a ação política. Mas que dizer da palavra que não se encontra agarrada ao desejo? Whitehead observa que não existe coisa pior para a educação que aquilo que ele denomina "idéias inertes" – "idéias que são meramente recebidas", sem nenhum poder que as relacione com a vida. "Na história da educação, um dos fenômenos mais marcantes é que instituições de saber, que num momento estiveram vivas com o fermento do gênio, na geração seguinte meramente exibem pedantismo e rotina" (Alfred North Whitehead, *The aims of education,* Nova York, The Free Press, 1976, p. 1).

No Brasil o problema está não apenas em ideias herdadas do passado, mas especialmente em ideias transplantadas de além-mar. Mas poderá falar o corpo brasileiro com sotaque estrangeiro? Temo que tenhamos brincado muito de ventriloquia... O resultado é que as ideias permaneceram inertes, sendo portanto totalmente inúteis. Lembro-me de uma afirmação de Schiller, que observava que "se a verdade deve triunfar em sua batalha com a *força,* ela deve antes de mais nada se transformar numa força e invocar algum *impulso* como seu advogado...; pois os impulsos são as únicas forças efetivas no mundo do sentimento" (Walter Kaufmann, *Hegel: A re-examination,* Garden City, Doubleday & Co., 1966, p. 31).

Somos nós, intelectuais e educadores, que nos perguntamos sobre a ideologia. E ao fazer isso, imagino, estamos em busca de coisas que foram ditas e escritas sobre a educação. Não podemos nos esquecer, entretanto, que *um dos ardis da palavra está em que ela frequentemente significa o oposto do que enuncia.*

> Guerra é paz.
> Liberdade é escravidão.
> Ignorância é força.

Estas eram as honestas divisas do Partido, no livro *1984,* de Orwell. E nossa sofisticação científica é tal que aplicamos sistematicamente sobre o discurso político a *arte da desconfiança,* preconizada pela astúcia de Nietzsche. De fato, a verdade do discurso político se encontra, na maioria das vezes, no oposto negado por cima e afirmado por baixo. Que discurso sobre a liberdade resiste ao cassetete? Que conversa democrática sobrevive à intolerância de generais, sacerdotes e professores? E por que não aplicamos a mesma desconfiança ao nosso próprio discurso? Ou será que nos julgamos mais inocentes que os outros? Ou mais objetivos?

> Os sociólogos devem abandonar o pressuposto humano mais elitista de que *os outros* crêem em decorrência de necessidades, enquanto eles crêem em decorrência das exigências da lógica e da razão. (Alvin Gouldner, *op. cit.,* p. 26)

Sofisticados e ingênuos. Somos como bons protestantes: crentes e ouvidores da palavra! Acontece que nem toda palavra é para ser acreditada, especialmente aquela que se diz na praça pública, na feira, no comício e no congresso. As palavras para serem cridas são outras... E é justamente aqui que tem de estar a sutileza do que interpreta, na sua escolha precária e arriscada do que é para ser crido e do que é para não ser crido. Por confundir essas situações, muitos já perderam a vida... Como dizia Wittgenstein, numa lição que aprendeu, provavelmente, não de suas investigações lógicas mas da psicanálise,

> (...) a linguagem veda o pensamento; do mesmo modo não é possível concluir, da forma exterior da veste, a forma do pensamento vestido por ela, porque a forma exterior da veste não foi feita com o intuito de deixar conhecer a forma do corpo. (Ludwig Wittgenstein, *op. cit.*, p. 70, parágrafo 4.002)

Mas, se o corpo, em última análise, contém a verdade de tudo o que dizemos, o caminho para a verdade do nosso discurso sobre a educação deverá *passar pelo corpo do educador.*

Lugar do corpo? Evidentemente, as teias institucionais que o envolvem e os "acordos silenciosos" que regulam suas formas de sentir e de pensar. Muito mais importantes que as ideologias conscientemente articuladas ou mesmo que o discurso crítico sobre a ideologia são as regras ocultas do seu mundo, pois são elas que determinam o que é a ciência, quais os conceitos que podem ser aceitos como moeda forte, quais os autores respeitáveis, em que consiste uma tese, com quem deve andar um cientista e para quem o seu discurso deve ser dirigido. *É este mundo que se constitui na extensão do corpo do intelectual, e serão as reverberações deste mesmo mundo que o farão feliz ou infeliz...* Seria justo propor a pergunta se, deste mundo obscuro de acordos silenciosos potentes, é possível surgir uma prática educativa! E é óbvio que a resposta será afirmativa para aqueles que veem a iniciação e entrada neste mundo como a culminância do processo educacional.

É este obstinado esforço de retornar ao corpo que me impõe uma outra decisão, que passo a confessar. Como já disse, a economia pragmática e libidinal do corpo só retém os conceitos que funcionam como extensões de si mesmo ou que tenham uma função lúdica: eficácia e prazer. É justamente neste ponto que se insere a questão da dificuldade da aprendizagem. O que é imediatamente experimentado não precisa ser ensinado nem repetido para ser memorizado. Um choque elétrico, o calor da chama, o gosto bom do figo em calda e catupiri que o Drummond tanto apreciava – aprendizagem imediata. Quanto mais separado da experiência um determinado conteúdo, maiores e mais complicadas as mediações verbais. Acontece que, com frequência, se processa uma separação definitiva entre o falado e o vivido, e a ciência se torna um jogo de conceitos: uma caricatura grotesca do jogo das contas de vidro do mundo da Castália, da novela de Hesse. Malabarismo verbal, virtuosismo conceitual: não é por acaso que, nas teses de mestrado e doutoramento, poucas (na maioria dos casos nenhuma) sejam as perguntas sobre a relevância do assunto, enquanto todos se parecem vitalmente preocupados em saber se as regras da gramática científica, a metodologia, foram seguidas adequadamente.

É por isso que penso que é necessário que, com frequência, façamos um inventário da bagagem conceitual que carregamos. Coisa semelhante ao que as nossas mães faziam, uma vez por ano, nos quartos em que depositavam as coisas velhas... E eu descubro que há muitos conceitos que estão aí e que ou não significam nada, realmente, ou se desgastaram pelo uso. E quando o uso os desgastou, é necessário que se lhes imponha uma quarentena de silêncio, para que o seu sentido seja recuperado.

Confesso que, na maioria das vezes, não sei o que as pessoas querem dizer quando usam a palavra *dialética*. "Este é um problema que se resolve dialeticamente": é curioso o poder mágico que esta palavra possui. Quando alguém afirma que a coisa se resolve dialeticamente todos se calam como se, de repente, tivesse raiado a mais radiosa luz em suas mentes. Às vezes eu chego a suspeitar que elas se calam não porque a luz tenha raiado, mas por puro medo. Medo de perguntar o que é dialética. Medo de se defrontar com os olhares acusadores do círculo dos que se proclamam iniciados... Claro que é possível uma elucidação do sentido rigoroso da palavra, tal como é usada nos textos clássicos. Mas não é aí que se encontra o sentido real das palavras. Como dizia Wittgenstein, o sentido é dado pelo uso. E é esse uso que me deixa perplexo, provocando-me vertigens, sensação visceral típica dos encontros com abismos e precipícios. Vertigem igual ou maior me provoca a tão proclamada "autonomia relativa", animal híbrido, parente da quimera, da democracia relativa e da virgindade relativa, meio Marx, meio Hegel, sem que a gente saiba direito onde termina um e onde começa o outro, e, por mais que me esforce, não consigo colocar a sela sobre o seu lombo escorregadio, mesmo porque não sei onde fica a cauda nem a cabeça. Sei que é um bom artifício, que permite congregar em um festim de confraternização os especialistas em superestrutura, como filósofos, educadores, clérigos, e os administradores da infra, economistas e companhia. O meu problema é que não sei como operacionalizar o conceito, além de agitá-lo como quem agita uma bandeira de tréguas entre idealismo e materialismo.

Seria possível fazer um rol de conceitos pesados, funcionais pelo odor que deles se desprende. Mais dois exemplos bastam, e o leitor teria que fazer uma limpeza pessoal nos seus quartos de despejo. Palavras, cavalos de Troia! Não sabemos o que elas carregam. Com frequência conduzem acordos operacionais. Um jogador de xadrez não tem consciência das regras do seu jogo. Elas são como o ar que ele respira. Pressuposto silencioso e poderoso. E desse silêncio ele retira as operações possíveis de suas peças. O mesmo ocorre com o compositor que toma a pauta de cinco linhas, escreve uma clave de sol e marca a sua teia com uma armadura de bemóis ou sustenidos: os pressupostos das operações já estão lançados. Por isso mesmo podem ser esquecidos. E assim acontece com a ciência, com o ato de ensinar, com o evento de falar.

Por vezes, entretanto, os acordos não são operacionais, mas olfativos. É assim que os animais constroem o seu espaço e, espalhando os seus excrementos, definem as fronteiras do seu mundo. E é também pelo odor que o amor voa, e as fêmeas atraem os machos e a vida continua. Atrofiadas as nossas funções olfatórias, tivemos de lançar mão de alternativas funcionais: os quadros que penduramos nas paredes, os móveis, as maneiras de vestir e as maneiras de falar.

Estes são os nossos odores. Por meio deles nos damos a conhecer. É assim que as palavras, frequentemente, assumem sua importância, não porque ampliem o conhecimento, mas porque se constituem em *senhas* pelas quais os membros de um grupo se dão a reconhecer, da mesma forma como os intrusos e espiões se traem por não saber usá-las da forma própria ou por usar inadvertidamente as palavras (e autores) tabus.

E aqui surge o problema, porque, quando nos movemos no mundo das afinidades olfativas, a questão se resume em "ser do mesmo cheiro" ou "ser de cheiro oposto". Surgem então os dogmatismos e as intolerâncias.

Fugindo conscientemente dos odores que apenas a sensibilidade treinada dos narizes acadêmicos pode identificar, eu gostaria de presenciar uma *conversão da comunidade acadêmica à linguagem simples e direta do homem comum*: parte do abandono das ilusões ideológicas acadêmicas. E isso por uma imposição da vocação para o ensino. Contrariamente à linguagem do pesquisador das ciências da natureza, que só fala *sobre* o seu objeto, porque estrelas e pedras não entendem o que ele diz e permanecem intocadas pelo seu discurso, o educador fala às pessoas e assim *constrói as teias* que tornam possível o mundo humano. Discurso que *faz um mundo*. Mas essa construção (que pode também ser demolição) depende da capacidade do educador de usar os símbolos que circulam entre as pessoas comuns.

A grande tradição nas ciências sociais... tem sido a de os cientistas sociais tomarem responsabilidade direta e indireta na educação popular. Existe uma tendência recente, a respeito da qual desejo registrar o meu desagrado, de abandonar esta grande tradição. Através de gerações, mesmo os maiores pensadores – e eles especialmente – conseguiram poupar tempo do seu trabalho científico para falar ao povo em termos simples que o leigo podia entender. Hoje, ao contrário, os cientistas estão, cada vez mais, falando uns com os outros. Esta tendência para um falso cientificismo, este abandono de nossa responsabilidade pela formação da opinião pública deverá fazer decrescer a importância de nosso trabalho no sentido de fazer com que as pessoas fiquem mais racionais. Existe uma outra tendência que conduz na mesma direção. Enquanto a grande tradição das ciências sociais era a de dizer as coisas da maneira mais clara e sucinta possível, a tendência em décadas recentes tem sido a de os cientistas sociais se fecharem por meio de uma terminologia desnecessariamente elaborada e estranha, freqüentemente a ponto de prejudicar sua capacidade de se entenderem uns aos outros e, talvez, ocasionalmente, de se entenderem a si mesmos. (Gunnar Myrdal, *op. cit.*, pp. 41-42)

Eu imagino que, neste ponto, a perplexidade dos que me ouvem (ou me leem) deva ser total. Afinal, nossa tarefa era falar de teoria das ideologias e sua contribuição para a análise do discurso sobre a educação... É necessário explicar. E para me explicar vou desenterrar um filósofo dinamarquês que nunca falou sobre ideologia, mas disse muito sobre o discurso, a fala, a comunicação, a incomunicação, o silêncio que fala e a fala que nada diz: Sören Kierkegaard. E a coisa curiosa que ele sugeriu é o seguinte:

Na verdade não dizemos o *que* dizemos. O significado do discurso não é a mensagem conscientemente enunciada. Todo discurso, entretanto, é dito de uma determinada forma. Ele é regido por um *como* – que não é dito, que está nas entrelinhas, no *pathos*... É justamente aqui, ao nível do não articulado, que se encontra o sentido do discurso.

Imaginemos que alguém deseje continuar a doutrina de Freud, mas que, a fim de atingir a mais alta eficácia, faça uso de um método skinneriano de ensino-aprendizagem, sem dizer uma só palavra aos alunos sobre isto. A mensagem foi Freud. O *como* da mensagem foi o método skinneriano. Quem foi, na verdade, ensinado?

Imaginemos que nos decidamos a proclamar a falência da cultura erudita, a necessidade de uma volta à cultura popular, às maneiras pobres e simples de pensar, mas que, ao assim fazer, usemos a linguagem erudita e hermética da academia, que só circula nos escalões universitários. Que é que foi efetivamente comunicado?

Imaginemos que eu me decida a lhes dizer da necessidade da tolerância intelectual, da investigação de possibilidades ainda inexploradas, mas que o faça com um discurso fechado como o das matemáticas, à prova de ataques, sem reticências e sem perguntas não respondidas... Que é que foi realmente comunicado?

De fato, de forma deliberada desviei o meu discurso da preocupação com o *conteúdo* de nossa fala sobre a educação e tentei, silenciosamente, fazer com que pensássemos sobre peculiaridades do nosso discurso no ato mesmo de educar. No primeiro caso, para nos valermos de uma terminologia kierkegaardiana, a comunicação é direta e impessoal. Discutimos verdades que são totalmente independentes do sujeito. E, por isso mesmo, tal discussão pode deixar intocado o próprio educador.

No segundo caso, o que está em jogo não é uma verdade externa, mas o próprio educador, desnudado em sua fala. A situação é existencial porque uma decisão está em jogo.

Decisão?...

É isto. Esbarramos com a pessoa do educador... o que entra em conflito com os pressupostos mais arraigados da análise sociológica.

Onde se encontra a pessoa do educador, no discurso sociológico sobre a educação? Sei onde ele está no discurso filosófico e no discurso psicológico. Ah! Descobriu-se que a educação, como tudo o mais, tem a ver com instituições, classes, grandes unidades estruturais que funcionam segundo regras que possuem o estatuto de leis, sendo portanto totalmente independentes dos sujeitos envolvidos. Antes de tudo, é necessário o anti-humanismo. Para que as estruturas se revelem, é necessário que se lhes arranque a crosta de pessoas que as cobre, da mesma forma como se recupera uma peça arqueológica há muito submersa pela raspagem do limo e do lodo que sobre ela foram depositados. Justo que nos preocupemos com professores e alunos. Mas não é aqui que se encontram as explicações, a ciência do real. Marca dominante de nosso discurso socioideológico: *a autonomia das instituições*.

> Uma vez firmemente organizada, uma organização tende a assumir uma identidade própria que a torna totalmente independente das pessoas que a fundaram ou daqueles que são seus membros. (Peter Blau, *The study of formal organizations*, citado por Alvin Gouldner, *op. cit.*, p. 51)

Uma vez que se constata que as coisas são assim, o que vai importar é a atitude moral do cientista diante deste fato. Mas será que um cientista social pode ter atitudes morais diante de seus fatos? Pode e tem, por uma razão muito simples. O cientista natural não pode alterar as leis da natureza por meio de sua ação. Mas a sociedade é um produto humano que pode ser mudado. Por isso é necessário reconhecer

> (...) que faz uma diferença substancial se alguém considera a autonomia ou alienação das estruturas sociais, em relação às pessoas, como uma condição normal a ser aceita ou como uma enfermidade endêmica ou cíclica a que se resiste. (*Ibidem*, p. 51)

Acontece que os discursos (entre eles o científico) possuem um enorme poder mágico para fazer com que coisas que não ocorreriam, se houvesse silêncio, ocorram, em decorrência da fala.

Um banco vai muito bem. Sólido. Transações normais. Um jornal anuncia que esse banco irá à falência.

Fala, pura fala. Como decorrência da fala, pânico e corrida aos caixas.

"No princípio era a Palavra..."

W.I. Thomas propôs um teorema que se tornou clássico e que é assim enunciado: "Se os homens *definem* situações como reais, elas *são* reais, em suas conseqüências" (Robert K. Merton, *Social theory and social structure*, Nova York, The Free Press, 1968, p. 475).

É necessário explicar: Os homens respondem não apenas aos aspectos físicos de uma situação, mas também e, por vezes, primariamente, ao *sentido* que essa situação tem para eles.

Uma vez que eles atribuem algum sentido à situação, o seu comportamento subsequente e algumas das consequências desse comportamento são determinados por esse sentido anteriormente atribuído.

Aqui se encaixam as chamadas "profecias de realização garantida" (*self-fulfilling prophecies*) – o caso do banco foi um exemplo, mas a validade do teorema de Thomas é muito mais ampla.

Por que introduzi esta questão?

Porque eu me pergunto se uma socioideologia que pressupõe a autonomia institucional, que define os agentes do processo educativo como irrelevantes, não terá como resultado uma irrelevância efetiva dos mesmos. E o postulado da autonomia institucional se realiza, então, em toda a sua plenitude! Neste caso, o *discurso científico funcionaria como uma legitimação das coisas,* tais como elas se encontram. Kurt Lewin chama a nossa atenção para o fato de que só nos comprometemos e nos envolvemos com problemas que são, ou não muito fáceis ou não muito difíceis – problemas que se encontram dentro dos *limites do nosso poder* intelectual e prático, e cuja realização significa, psicologicamente, um teste e uma expansão desse poder (daí que problemas fáceis não nos fascinam). Ora, quando a ciência declara que as coisas se dão ao nível estrutural e que os fatores decisivos estão ao nível das macrounidades, é compreensível que cada pequeno educador e cada pequeno aluno se sintam imensamente atraídos pela opção de "deixar como está para ver como é que fica". E isto chama a nossa atenção para um aspecto frequentemente esquecido da realidade do discurso ideológico: *ele não é apenas um discurso sobre a realidade* (falso, evidentemente...); ele *define as situações e cria a sua própria verdade.*

Esta é a razão por que, de forma transversal, oblíqua, tentei fazer com que os agentes da educação fossem o centro desta discussão. Sou um educador. Falo e escrevo. Minhas palavras resvalam sobre as estruturas como se não existissem. Só posso me dirigir às pessoas. Aqui se encontram os limites do meu poder. Aqui se encontram os problemas que creio poder resolver. E penso que, se as pessoas não forem capazes de ouvir, entender, amar e lutar juntas, ficaremos à mercê da autonomia das instituições. Creio na eficácia do discurso. Se não cresse, teria deixado de falar e escrever.

Retorno às ilusões dos socialistas utópicos?

Volta aos equívocos dos hegelianos de esquerda? É curioso que Marx, que desejava demonstrar que a sociedade não se construía com o auxílio do discurso e do pensamento, que o discurso era nada mais que um reflexo, um sublimado, uma imagem invertida, efeito de relações sociais, e que a atividade crítica era destituída de eficácia, tenha usado, para tal fim, um longo e belo discurso, *A ideologia alemã.* Um belo exemplo do paradoxo kierkegaardiano.

SOBRE PALAVRAS E REDES

(...) ser feiticeiro da palavra, estudar a
alquimia do coração humano...
João Guimarães Rosa

Vou começar falando de uma vespa, famosa e
conhecida, que pode ser vista pelos campos numa eterna
caçada que se repete há milhares de gerações. A vespa
procura uma aranha. Trava com ela uma luta de vida e
morte. Pica-a várias vezes, paralisando-a viva. Arrasta-a,
então, indefesa, para o seu ninho, um buraco na terra.
Deposita os seus ovos. Depois disso sai e morre. Tempos
depois nascem as larvas que se alimentarão da carne viva
da aranha. Crescerão sem ter nenhuma mestra que lhes
ensine o que fazer. A despeito disso, farão *exatamente* o

que fizeram sua mãe, sua avó, e todos os ancestrais, por tempos imemoriais...

Educação perfeita, sem mestres e sem consciência. Na verdade, educação alguma, porque o conhecimento já nasce solidário com o corpo e faz com que o corpo faça o que tem de fazer.

Repetição sem fim. Cada geração *reproduz* a outra. Graças à repetição e à reprodução, a vida é possível. Já imaginaram o que ocorreria se, a cada nova geração, tudo devesse começar da estaca zero? Memória perdida, experiências passadas perdidas, apenas o organismo vivo ante um mundo que ele não conhece, não entende, do qual não sabe o que esperar, incapaz de separar o comestível do não comestível, incapaz de *re-conhecer* (o que é impossível sem a reprodução de um passado!) o ambiente amigo, sem nada saber sobre o que fazer para se perpetuar. Livre do passado, esta vespa gozaria a liberdade absoluta, liberdade que termina sempre na morte.

De fato, a reprodução de aberrações genéticas é algo a ser evitado. Mas isso de forma alguma anula as vantagens da repetição e da reprodução na economia da sobrevivência.

À vespa são poupadas as dores da aprendizagem. Todo o conhecimento necessário à sua vida já está presente, inconscientemente, no seu corpo. Programada perfeitamente para viver e para morrer. Vida sem problemas novos, sem angústias, sem neuroses, sem revoluções.

Nós?

Seres de programação biológica atrofiada, encolhida, restrita. Verdade que ela diz bastante sobre as coisas que devem ocorrer dentro da nossa pele, tanto assim que as crianças continuam a nascer, na maioria das vezes perfeitas, de mães e pais que nada sabem. Mas ela diz muito pouco, se é que diz alguma coisa, sobre o que fazer por este mundo afora. Tanto assim, que foi necessário que os homens *inventassem* maneiras de ser humanos por meio da imaginação e de convenções. São os mundos da cultura.

> (...) os caminhos pelos quais nos tornamos e permanecemos humanos são tão numerosos quanto as culturas do homem. Humanidade é uma variável sociocultural. Não existe uma natureza humana, no sentido de uma essência biológica fixa, determinante da variabilidade das formações socioculturais... (Peter Berger e Thomas Luckmann, *The social construction of reality,* Garden City, Doubleday, 1967, p. 49)

Mas essas invenções não se transformam nunca em programação biológica. Por isso as *receitas* de como ser humano têm de ser ensinadas, aprendidas, preservadas. E isso se faz por meio da linguagem.

> A linguagem torna objetivas as experiências comuns e as torna acessíveis a todos dentro da comunidade lingüística, tornando-se assim tanto a base como o instrumento do estoque coletivo de conhecimento. (*Ibidem*, p. 68)

Educação é o processo pelo qual aprendemos uma forma de humanidade. E ele é mediado pela linguagem. Aprender o mundo humano e aprender uma linguagem porque "os limites da minha linguagem denotam os limites do meu mundo" (Ludwig Wittgenstein, *op. cit.*, parágrafo 5.6, p. 111).

Aqui peço licença para introduzir, neste discurso para intelectuais, a fala de um *feiticeiro*, que não sei se foi real ou produto da imaginação (o que não tem a mínima importância), e que disse coisas estranhas sobre o mundo. Tudo gira em torno de uma experiência educativa, fantástica para nós, de iniciação ao mundo do feiticeiro. E D. Juan, o bruxo da estória de Carlos Castañeda, dizia que, para o feiticeiro, o mundo da vida cotidiana não é real, algo lá fora, como a gente crê. Para o feiticeiro, a realidade, ou o mundo, tal como o conhecemos, é apenas uma descrição.

Mas *descrição* é uma atividade humana! Seria o caso de se pensar que a nossa realidade é uma construção? Construção social da realidade?

Ah! Mundo nascido da atividade docente de um sem-número de pessoas que, sem diploma ou créditos em didática, ensinam, sem saber como, as coisas mais incríveis, como a habilidade de se falar a língua e, com ela, os mistérios da composição e arquitetura do mundo.

> (...) cada pessoa que entra em contato com uma criança é um professor que incessantemente lhe descreve o mundo,

até o momento em que a criança é capaz de perceber o mundo tal como foi descrito. (Carlos Castañeda, *Journey to Ixtlan*, Nova York, Simon & Schuster, 1972, pp. 8-9)

Os olhos sucumbem ante o poder da palavra. Será isto? O poder mágico da linguagem? No princípio era a Palavra...? Caldeirão de feiticeiros do qual emergem mundos? Curioso que Wittgenstein, tão distante do mundo dos bruxos, tivesse se referido ao *feitiço* da linguagem, tanto que definiu a filosofia como "uma batalha contra o *feitiço* que certas formas de expressão exercem sobre nós" (Ludwig Wittgenstein, *The blue and brown books*, Nova York, Harper, 1965, p. 27).

Infelizmente ele nada disse se, para se lutar contra um feitiço mau, era necessário fazer uso de um feitiço bom...

Chega de bruxos e feiticeiras, e é melhor voltar ao mundo sóbrio dos filósofos, cientistas.

Retomando a fórmula de Wittgenstein, "os limites da minha linguagem denotam os limites do meu mundo", poderemos percorrer uma enorme gama de variações sobre o tema dado.

> Não mais num universo físico, o homem vive num universo simbólico... O homem não pode se defrontar com a realidade sem intermediários; ele não pode vê-la... face a face. (Ernst Cassirer, *An essay on man*, Nova York, Bantam Books, 1969, p. 29)

As coisas vêm a uma criança vestidas pela linguagem, não em sua nudez física, e esta roupagem de comunicação faz com que ela se transforme em alguém que participa das mesmas crenças que aqueles ao seu redor. Aqui temos as "categorias" de conexão e unificação, tão importantes quanto aquelas de Kant, mas com uma diferença: elas são, agora, empíricas, e não mitológicas... (John Dewey, *Reconstruction in philosophy*, Boston, Beacon Press, 1962, p. 92)

Daí se segue que

o mundo começa a tremer no mesmo instante em que a conversação que o sustenta começa a vacilar. (Peter Berger, *The sacred canopy*, Garden City, Doubleday, 1967, p. 22)

Um vocabulário particular de substantivos, adjetivos, verbos e advérbios parece constituir a teoria de todos os assuntos sobre os quais se pode falar. Falar sobre as coisas é aplicar sobre elas a teoria do universo implícita em nossa linguagem. (Michael Polanyi, *Personal knowledge*, Nova York, Harper, 1962, pp. 80-81)

Não, não estou dizendo que pedras e árvores sejam entidades conjuradas pela magia da linguagem, mas estou dizendo que a massa de informações que me atinge a cada momento é filtrada, selecionada, organizada, estruturada pela mediação da linguagem. E é este mundo estruturado que eu posso conhecer e é em relação a ele que se organiza o meu comportamento.

Mas, parodiando Wittgenstein, poderíamos aventar a hipótese de que *"os limites da minha linguagem definem os limites do meu corpo"*.

O corpo humano não é o organismo animal, em sua imediatez biológica. O animal é o seu corpo. O homem *tem* o seu corpo. É de causar espanto que apenas os homens percebam a sua nudez (M. Merleau-Ponty, *The structure of behavior*, Boston, Beacon Press, 1968, p. 174). Se não fosse pela palavra *nu* e pelo tom com que ela é pronunciada, o homem não teria consciência de sua nudez. Não se ruborizaria. Então, implícita na mediação linguística do mundo está também a mediação linguística do corpo.

O corpo é um produto da educação.

Lembro-me de um cavalheiro, educado num mundo de hábitos alimentares marcados pelos tabus religiosos, e que aprendera a detestar miolo. Foi jantar em uma casa em que foi servida couve-flor empanada. Deliciosa. Após o jantar dirigiu um elogio à anfitriã:

– Divina, a couve-flor...

– Couve-flor? Miolo empanado...

E sem que houvesse uma única alteração nos componentes físico-químicos da situação, a linguagem que envolvia o corpo se encrespou, e a polidez transformou-se no embaraço da saída apressada da mesa para vomitar... Vomitar o quê? Miolo? Absolutamente. Vômito de palavras, rótulos, etiquetas. Assim são as coisas: a linguagem tem a possibilidade de fazer curtos-circuitos em sistemas orgânicos intactos, produzindo úlceras, impotências ou frigidez. Porque são as palavras que carregam consigo as proibições, as exigências e expectativas. E é por isso que o homem não é um organismo mas este complexo linguístico a que se dá o nome de personalidade.

> É muito útil definir a personalidade como uma estrutura de hábitos de linguagem... Crenças básicas são importantes hábitos de sintaxe e estilo; e quase todos os valores que não surgem diretamente de apetites orgânicos são, com toda a probabilidade, um conjunto de atitudes retóricas. (Frederick Perls e outros, *Gestalt therapy*, Nova York, Deil Publishing Co., 1951, p. 321)

Aqui se insinua a tentação já denunciada: os leigos pensam em decorrência dos seus hábitos de linguagem; os cientistas, em decorrência das exigências da lógica e da investigação. Mas sobre o que se fazem as investigações? Não são elas organizadas sobre as teorias? Mas que são teorias se não arquiteturas linguísticas do mundo? O cientista, ao contrário do que diz a lenda, habita uma linguagem, e só vai às coisas para se certificar de que seu mundo está seguro. Como o disse muito bem Karl Popper, "um cientista, seja teórico, seja um pesquisador, propõe *declarações,* e as testa passo a passo" (Karl Popper, *op. cit.*, p. 27).

E, mais do que isto, até mesmo os sentidos do cientista são condicionados pela linguagem. Na verdade, ele só vê o que a linguagem lhe disse que deveria ser visto. E se os olhos lhe apresentam algo que a teoria não previu, viva a teoria e abaixo os sentidos que se equivocam! Na verdade, isto é explicável. Ver algo que não foi preparado pelo verbo é entrar no campo das sensações não organizadas, a alucinação, loucura.

> A nossa linguagem conceitual tende a fixar as nossas percepções e, derivativamente, nosso pensamento e comportamento... A resposta não é dada à situação física mas à situação conceitualizada. (Robert K. Merton, *op. cit.*, p. 143)

Preferi deixar de lado a palavra *ideologia* e usar a palavra *linguagem*. A decisão não foi gratuita. Por detrás da palavra *ideologia*, há muitos acordos silenciosos: o ventre do cavalo de Troia está cheio.

Em primeiro lugar, dizer *ideologia* é nomear uma rua no mundo das superestruturas, lá onde habitam os fantasmas, ecos, sublimados, sombras. Ontologia grega de pernas para o ar. Se lá, no neoplatonismo, a matéria era o limite da irrealidade e a ideia, o máximo de realidade, aqui é o contrário. Assim, falar *ideologia* é aceitar uma ontologia, acreditar num contínuo em que o extremo de baixo, das infraestruturas, contém o máximo de realidade, enquanto as ideias se reduzem a efeitos de baixa ou nenhuma eficácia.

Em segundo lugar, está o acordo de que ideologia é um discurso que se opõe à verdade. Tanto assim que a palavra *ideologia* é sempre usada de forma pejorativa. O seu propósito é estigmatizar um certo discurso como ilusão, equívoco, mentira. Enquanto o cientista, ser de um outro mundo, é capaz de separar o joio do trigo, a falsidade da verdade, as ideologias da ciência.

Na verdade, quando dizemos que algo é ideologia, afirmamos: trata-se de símbolo *apenas,* em oposição à coisa mesma. Imagem dentro de um espelho que não tem dentro, por isto ilusão. Apenas um símbolo, e além disso, *invertido*: reflexo obscuro em água turva, imagem ao fundo da câmera fotográfica, eco.

Platão ressurge vitorioso.

Lá no fundo da caverna o homem sabia distinguir muito bem as sombras que dançavam contra a parede das coisas mesmas que as produziam. Se os tolos tomavam as sombras por realidade (*doxa*), o filósofo buscava as coisas mesmas, para contemplar a realidade face a face, sem mediações, no conhecimento (*episteme*). Agora, no conhecimento científico, esse discurso *apenas* alcança uma nova dignidade: a capacidade de dizer a realidade como ela é, a capacidade de dizer a verdade.

Estabelece-se assim o dualismo entre discurso e realidade, cristalizado no problema epistemológico. Em que condições podemos dizer que o discurso é verdadeiro? E a partir do empirismo, consolida-se a ruptura, por meio de explicações psicológicas das origens das ideias e das palavras.

OBJETO – estímulo – impressão – ideia – palavra

Das coisas para o pensamento sem que o pensamento jamais adquira a densidade das coisas.

Se pusermos a linguagem e a educação sobre os acordos silenciosos que regem a palavra *ideologia* não poderemos escapar nunca da eterna sentença: linguagem *apenas...* Haverá um outro lugar para a linguagem e a educação? Lugar distinto do lugar epistemológico, lugar do discurso apenas, lugar da alternativa verdade e erro?

Conta-se que uma senhora perguntou a Beethoven, depois de haver ele executado uma de suas composições ao piano: "Que queria o senhor dizer com esta peça?" "O que queria eu dizer? É muito simples." Assentou-se ao piano e executou-a novamente.

A peça não significa nada.

Ela não se encontra no lugar do *apenas símbolo.*

Ela é a coisa.

Sempre me fascinou um comportamento caipira que nunca pude compreender.

Lá em Minas, ainda criança, após o jantar, juntava-me aos grandes que contavam casos. Mesmo menino, eu conseguia perceber as enormes mentiras que eram pregadas. Não me recordo, entretanto, de jamais haver ouvido alguém dizer: "Isto é mentira". Ao contrário. A reação própria e esperada diante de uma despropositada composição verbal foi sempre: "Mas isto não é nada". E daí o novo contador prosseguia para construir a sua coisa.

Somente há pouco tempo percebi que interjeições epistemológicas eram ali totalmente descabidas. Não faziam parte dos acordos. As pessoas trabalhavam com as palavras da mesma forma como o pintor trabalha as tintas, o seleiro trabalha o couro, o pedreiro trabalha os tijolos. Palavras são coisas. A estória, um objeto concreto que se insere no mundo e convida à admiração de todos.

Coisa, entidade, monumento, que passa a habitar o mundo ao lado de árvores, pedras, micróbios, pessoas. Numa terminologia hegeliana, *objetivações do espírito*. Agora podem as palavras ser analisadas da mesma forma como se analisam as armas, o dinheiro, o tráfego... O segundo andar, mal-assombrado, onde viviam os fantasmas superestruturais, esvazia-se porque as almas se encarnam, tornando-se tão materiais quanto tudo o mais. Chega a um fim o dualismo. E é aqui que desvendamos o mistério do mundo humano. Como pode ele vir a ser através da palavra? Porque a palavra é uma entidade material. Linguagem,

> *treliça* em que a vida se entrelaça,
> *sulco* em que a ação se escoa,
> *teia* sobre o espaço, onde viver e andar,
> *rede* em que o corpo descansa suspenso.

Não cabem as perguntas epistemológicas.

Muito estranho.

Diante dos discursos, podemos suspender as perguntas acerca da verdade ou da falsidade? Mas, e se a despeito de tudo eles entraram no mundo e o moldaram? Cosmovisão medieval? Evidentemente falsa. No entanto, por mais um milênio ela foi a treliça de um mundo humano. Magia? É óbvio que se trata de um equívoco. Uma visão mística e humana da natureza? Superstição. Religiões? Expressões de falsas consciências. No entanto, desse caldeirão de ilusões e falsidades surgiram mundos que tiveram vida muito mais longa que provavelmente terá esta nulidade (Weber) que se chama civilização científica, que parece condenada a uma morte prematura pelo próprio saber que ela produziu.

Poderíamos dizer de treliças, sulcos, teias, redes, que são falsos ou verdadeiros? É claro que não. Eles podem ser adequados, fortes, fracos, belos, feios, confortáveis, desconfortáveis, causas de prazer ou dor. Na verdade, os homens abandonam uma linguagem e optam por uma outra não porque a primeira seja falsa e a segunda verdadeira, mas porque a primeira é inadequada e a segunda, adequada. O "abre-te Sésamo" não se encontra na epistemologia, mas no julgamento prático que o corpo faz de seus invólucros e órgãos linguísticos. E as linguagens são abandonadas da mesma forma como uma cobra abandona uma pele que ficou velha...

Vale uma pitada da sabedoria freudiana: o que é determinante, em última instância, é o amor. O *insight* não tem autonomia alguma, nem mesmo relativa... Na verdade, não é Freud que está em jogo, mas uma longa tradição que passa por Agostinho, indo dele até o divino *eros* de Platão.

Produz prazer?
É eficaz?
Acende esperanças?
Aumenta o desejo de viver e de lutar?
Não perguntamos se a enxada,
 o pão,
 o corpo,
 o jardim
são verdadeiros.

Por que haveríamos de fazer desta pergunta a única a ter relevância para a palavra dos homens?

Sei que minha busca de um lugar não epistemológico para o discurso sugere um namoro com o irracionalismo, especialmente quando estão em jogo a educação e o futuro dos jovens. Compreendo a dificuldade. Na verdade, a partir dos acordos silenciosos que regem o discurso epistemológico, todas as outras alternativas parecem inaceitáveis.

A dificuldade real está menos na aprendizagem de uma nova linguagem que no esquecimento da linguagem anterior...
(Ernst Cassirer, *op. cit.*, p. 172)

Imaginemos um organista. Ele se encontra diante de um instrumento novo, que ele nunca usou. Seus olhos trabalham. Examinam os teclados, a pedaleira, os registros, a arquitetura do instrumento, o meio acústico em que ele se encontra. Neste primeiro momento interessa-lhe conhecer aquilo que lhe é dado, um instrumento, da mesma forma como ao cientista interessa conhecer uma realidade que também lhe é dada.

Mas a sua atividade exploratória e analítica não é um fim em si mesmo. Investiga o *real* porque sabe que é dele que ele terá de retirar os materiais para construir o *possível*. O possível? Onde está? Não existe ainda. Não nasceu. Virá a ser como resultado do amor e da ação criadora.

Terminada a investigação, terminado o momento epistemológico, terminado o conhecimento, começa o que realmente importa. E a música, improvisada, composta, enche os ares. Algo novo, que nunca existira antes, do qual não se pode perguntar se é verdadeiro ou falso, invade o mundo. E o mundo fica diferente.

O que é realidade?

Poderemos dizer que o órgão é a infraestrutura e a música, a superestrutura?

É bem verdade que músicas nascem dos órgãos. Não se conhece nenhum caso de um órgão que se materializasse magicamente a partir da música. Será que, por isso, o órgão é mais real que a música?

É necessário notar que o momento epistemológico não cria. Analisa, fragmenta, descreve, explica o existente.

O segundo é o momento criador. Agora não cabem os acordos e perguntas epistemológicas, porque não se pode dizer que uma obra criada, ferramenta, verso, jardim ou cultura, seja verdadeira ou falsa.

E agora eu me perguntaria sobre o discurso que tem fluído de nossas práticas educativas, do jardim de infância às pós-graduações... Que amores têm sido inflamados? Que ausências têm sido choradas e celebradas? Que horizontes utópicos têm sido propostos?

Eu me pergunto se não vai cair sobre as nossas cabeças a quase maldição de Weber:

> Especialistas sem espírito,
> sensualistas sem coração.
> Esta nulidade imagina haver atingido um nível de
> civilização nunca dantes alcançado.

Embarcamos decididamente no discurso científico, sem levar em conta que "as energias científicas, pela fácil transformação da objetividade, necessária à ciência, em neutralidade frente a valores ou liberdade face a valores, são facilmente alistadas a serviço dos objetivos da sociedade, quaisquer que eles sejam" (Philip Rieff, *Freud: The mind of the moralist,* Garden City, Doubleday, 1961, p. 327), e sem nos apercebermos de que "a ciência pura acompanha o curso da dominação" (Alfredo Bosi, "Um testemunho do presente", em Carlos Guilherme Mota, *Ideologia da cultura brasileira*, São Paulo, Ática, 1977, p. vii).

Que valores tem informado nossa prática educativa? Na verdade, acho que esta pergunta é infinitamente mais importante que a pergunta acerca da ideologia, porque frequentemente o discurso ideológico é um mascaramento dos valores que realmente revelam os nossos investimentos emocionais, os únicos que conduzem à ação.

As perguntas que propus parecem palavras de um insano. Amor? Mas a questão da ciência é exatamente o seu oposto – a investigação desapaixonada, o rigor, a análise... Ausências celebradas? Utopias? Mas não é verdade que tanto as caudais positivistas quanto as marxistas já declararam defuntas tais questões? Não é verdade que os acordos silenciosos da educação e, em especial, a educação científica, pressupõem que todo traço de valorização é um mau sinal, para um conhecimento que visa à objetividade? Um valor, neste domínio, é a marca de uma preferência inconsciente. (G. Bachelard, *La formation de l'esprit scientifique*, Paris, J. Vrin, 1971, p. 65)

A questão dos valores não é colocada primariamente por uma filosofia humanista nem por uma perspectiva psicologizante. O que está em jogo é a política, a construção de mundos, a ação. A ação não se desenrola sobre um discurso analítico, exatamente por faltar a este caráter de materialidade. Aqui, sim, se pode dizer: discurso *apenas...* Uma utopia, uma esperança, um paraíso futuro são discursos que nascem do amor e provocam o amor. Por isso mesmo a ação se mistura com eles, como a atividade criadora que traz à existência aquilo que ainda não existe. Voltamos a algo dito por Schiller: para que as ideias triunfem, é necessário que elas estabeleçam uma aliança com um impulso. E isto porque "a essência do homem, em oposição ao que Descartes mantinha, consiste em desejo e não em pensamento" (Norman O. Brown, *Life against death*, Nova York, Random House, 1959, p. 7).

Na verdade,

ficaremos na superfície enquanto lidarmos apenas com memórias e idéias. As únicas coisas de valor na vida psíquica são, ao contrário, as emoções. Todas as forças psíquicas são significativas somente através da sua aptidão para provocar emoções. (*Ibidem*)

E é por isso que voltamos à pergunta: a educação, esta prática de construção social da realidade pela instrumentalidade da linguagem, que entidades linguístico-materiais criou?

Com que objetos invadiu a nossa ordem social?

Que horizontes colocou,

Treliças, sulcos, teias, redes...

E aqui escapamos pela porta dos fundos. Pelo menos para isso serve o anti-humanismo. O educador se desculpa apontando para as leis do capitalismo. A escola é aparelho ideológico do Estado, sua autonomia (se é que é aceita) é relativa, muito pequena, e no final o processo desemboca na reprodução... Não se pode negar que existe muito de verdade aqui. Ocorre, entretanto, que a educação formal se dá dentro e por meio de instituições e não estou convencido de que todas as suas regras sejam decorrência direta e inevitável das misérias das macroestruturas. Grande parte das misérias da educação decorre diretamente dos acordos pequenos, por vezes mesquinhos, que educadores e cientistas estabelecem entre si. E aqui a gente fica quase encabulado e não sabe o que fazer com as grandes categorias analíticas porque as coisas parecem girar em torno de prestígio, projeção, não perder o emprego, medo... E serão essas coisas que farão com que digamos o que dizemos, e façamos o que fazemos. À lista de Orwell sobre as coisas que mandam em nosso dia a dia e que incluíam a luta contra a fome, o frio, a insônia, a azia, uma dor de dente, temos de acrescentar essas outras doenças crônicas que afligem o cientista e o educador. E é bom notar que se trata de um verdadeiro pecado original, que infecta a todos, da direita e da esquerda, igualmente...

Acordos pequenos? Penso, por exemplo, na decisão sobre o *estilo* do trabalho científico... O *público* a que ele é dirigido (o que revela quais são os "outros significantes" do pesquisador, o jogo em que ele está metido. Pesquisa sobre boia-fria em linguagem erudita pode conter propostas revolucionárias. Mas não serão os boias-frias que as receberão. Aqui se revelam as alianças...).

Em que *revistas* publicar? Publicações em revistas estrangeiras valem mais... O que fazer com os alunos? E não perguntem aos professores qual a sua filosofia da educação, porque todas são lindas. Acompanhem o trabalho, considerem a forma como os alunos são avaliados. Normalmente as questões pertencem ao mestre (que detém o monopólio do poder) e as respostas, aos estudantes. E nos queixamos de que não formamos pessoas criativas. Mas a essência da verdadeira atitude científica e filosófica é aprender a fazer perguntas... Onde está a inversão emocional do educador? No aluno? Na pesquisa? E que dizer dos dogmatismos olfativos?

Honestamente, creio que estas são questões que têm pouco a ver com as grandes realidades estruturais, e que elas marcam um espaço que é estruturado pelos pequenos acordos que a comunidade de cientistas e educadores pode fazer e desfazer... Aqui vale o teorema de W.I. Thomas acerca da definição das situações.

Esta é a razão por que, ao tratar da educação, eu prefiro me concentrar na análise institucional, pois ela se abre numa esfera em que a minha decisão conta, em que as pequenas alianças fazem uma diferença, em que o indivíduo e os grupos reduzidos ganham significação. Porque é somente a partir de pessoas concretas, de carne e osso, que a linguagem é falada. E a grande questão que é colocada à educação é a possibilidade que se lhe abre de invadir uma realidade dada com novos objetos de linguagem, capazes de fazer explodir a ação criativa. Concordo com Eugene Rosenstock-Huessy: "A regeneração da Linguagem seria um nome não inadequado para o verdadeiro processo de Revolução". (Eugene Rosenstock-Huessy, *Out of revolution*, Nova York, Four Wells, 1964, p. 739).

Paulo Freire, em suas obras, e Sartre – em seu prefácio a Fanon – observam que o que caracteriza o oprimido é a sua incapacidade para falar e o seu medo de fazê-lo.

Temo que estejamos formando milhares de bonecos que movem as bocas e falam com a voz de ventríloquos. Especialistas em dizer o que os outros disseram, incapazes de dizer sua própria palavra. Daí, o fracasso de nossa capacidade para escrever e para falar. É fácil explicar este fato por recurso às grandes realidades, mais além do comprimento do nosso braço. Prefiro manter o meu discurso dentro dos limites do meu braço, pois é somente dentro deste círculo que a minha palavra pode ser ação criadora.

Não, não creio que o nosso fracasso se deva a uma debilidade analítica. Não creio que o que nos falta seja o conhecimento. Não é neste ponto que nasce e morre o *élan* criador. E nem creio que renovadas investigações e pesquisas tenham o poder para nos devolver a vontade e a paixão. Como o disse Nietzsche, num estilo que o tornou inaceitável para as exigências da ciência,

Vós sois estéreis.
Esta é a razão por que não tendes fé.
Mas todos aqueles que tiveram de criar
tiveram também os seus sonhos proféticos e sinais
astrais – e fé na fé. (Friedrich Nietzsche, *op. cit.*, p. 232)

SOBRE REMADORES
E PROFESSORES

Comece pelo fim!
(primeiro conselho do matemático Polya, ao que
deseja aprender a arte de resolver problemas)

Eu gostaria de começar estas reflexões sobre o problema da pesquisa em educação com esta citação que retirei de *A imaginação sociológica,* de C. Wright Mills:

A precisão não é o único critério para a escolha do método
e não deve ser confundida, como ocorre com freqüência,
com o "empírico" ou o "verdadeiro". Deveríamos ser tão
precisos quanto formos capazes em nosso trabalho sobre
os problemas objetos da nossa atenção. Mas nenhum

método, como tal, deveria ser usado para delimitar os problemas que tomamos, quanto menos não fosse pelo fato de que as questões mais interessantes e difíceis de método começam, habitualmente, quando são aplicáveis às técnicas consagradas. (C. Wright Mills, *A imaginação sociológica*, Rio de Janeiro, Zahar, 1969, p. 82)

Introduzo o problema do método logo de saída, porque frequentemente a ciência é definida em função do seu método. Pensa-se que produzir conhecimento científico é a mesma coisa que produzir um conhecimento metodologicamente rigoroso, ignorando-se totalmente a significação ou relevância do conhecimento produzido. Michael Polanyi, numa discussão deste assunto, cita o caso do físico alemão Friedrich Kohlrausch (1840-1910), que declarou, numa discussão acerca dos objetivos das ciências naturais, que ele estaria perfeitamente feliz em simplesmente determinar *com precisão* a velocidade da água que se escoa pelo esgoto. "Ele se esquivou totalmente acerca da natureza do valor científico", Polanyi observa: "pois a precisão de uma observação não a torna automaticamente de valor para a ciência" (Michael Polanyi, *Personal knowledge: Towards a post-critical philosophy*, Nova York, Harper & Row, 1964, p. 136).

Não há dúvidas de que uma das marcas da ciência é o método de que lança mão. Mas o uso rigoroso de um método não pode ser o critério inicial e final na determinação da pesquisa. Muitas questões absolutamente irrelevantes podem ser tratadas com rigor metodológico, como a velocidade da água escorrendo no esgoto. Depois de uma pesquisa realizada nos Estados Unidos acerca das tendências de meninos e meninas, na escola primária, os pesquisadores chegaram à brilhante conclusão de que os meninos se inclinam para atividades do tipo carpintaria e esportes, enquanto as meninas preferem brincar com bonecas. E para justificar a trivialidade das conclusões obtidas com métodos sofisticados, acrescentaram: "Antes nós simplesmente pensávamos que era assim. Agora nós *sabemos* que é assim".

A obsessão com o método pode ter consequências desastrosas. Eu sugeriria que o leitor examinasse o livro de Paul Feyerabend *Contra el método – Esquema de una teoría anarquista del conocimiento* (Barcelona, Ariel, 1974), onde tal questão é debatida. Eu me permitiria indicar um ponto apenas onde a influência do método se faz sentir, de maneira nefasta, na pesquisa.

Todos sabemos que as questões realmente importantes, no campo das ciências humanas, são extremamente complicadas. Em cada problema encontramos a conjunção de uma série de fatores heterogêneos. Tomemos a educação como exemplo. Não se pode entender o processo educacional, na sua totalidade, se não se levarem em conta fatores de ordem biológica (criança com fome não pode aprender bem, nem criança doente, nem criança marcada por fatores hereditários adversos), psicológica, social, econômica, política. Que cientista está em condições de pesquisar esse fenômeno, na sua globalidade? Nenhum. Não é possível dominar todas essas áreas do saber. Qualquer análise interdisciplinar, empreendida por um pesquisador, tem, necessariamente, de ser frouxa do ponto de vista metodológico. Mas é isso que a comunidade científica não perdoa! Rigor acima de tudo! Reprimidos pelo fantasma do rigor, os pesquisadores se põem a campo não em busca de problemas interessantes e relevantes, mas de problemas que podem ser tratados com os magros recursos metodológicos de que dispõem. É como se uma pessoa dispusesse de uma máquina fotográfica primitiva, que só tira fotografia de objetos a três metros. Ela preferirá tirar a fotografia de um gato sobre o muro, ao alcance de sua máquina, que a fotografia de uma erupção vulcânica a dois quilômetros. De fato, a fotografia do gato sairá mais nítida... Não creio que eu esteja fazendo uma caricatura. A obsessão com o rigor, especialmente quando se leva em consideração que este é um critério básico a ser invocado pelas bancas de tese de mestrado e doutoramento, força o pesquisador a abandonar os problemas importantes (são muito complexos) e a eleger problemas triviais que são passíveis de um tratamento metodológico fechado.

Estou propondo uma abordagem frouxa dos problemas? De forma alguma. Estou apenas sugerindo que o ponto inicial de uma pesquisa não pode e não deve ser a metodologia mas antes a relevância do problema. E se uma única pessoa não tem condições e tempo para investigá-lo, poderíamos pensar na possibilidade de teses coletivas de mestrado ou doutoramento.

Ah! Mas aqui aparece um problema que não tem nada a ver com a ciência: como avaliar individualmente o desempenho de uma pessoa, se o trabalho foi coletivo? Isto tem a ver com ideais individualistas e competitivos que têm as suas raízes em condições socioeconômicas. Assim, parece-me que a influência do rigor metodológico sobre a escolha de problemas insignificantes de investigação não se explica ao nível da própria ciência, mas nos conduz aos mecanismos institucionais dentro dos quais a nossa ciência é feita. O rigor metodológico pode, frequentemente, deixar de ser um ideal científico válido e se transformar num artifício institucional pelo qual as instituições mais criativas são bloqueadas. É necessário que nos lembremos de que o rigor metodológico é apenas uma ferramenta provisória. Frequentemente o rigor só nos conduz a um beco sem saída. Imagine um cientista aristotélico medieval. Quanto maior o seu rigor metodológico, para mais longe da verdade será conduzido. Na verdade, uma das acusações que lançaram contra Galileu era que lhe faltava rigor. Alegavam que o

> verdadeiro objetivo da indução física consiste em copiar e classificar fielmente os dados concretos; e não se lhes faz justiça se ao invés de observar a natureza de todas e cada uma de suas manifestações particulares, se pretende convertê-la num sistema de relações matemáticas gerais e de abstrações.

Freqüentemente se pensa que a diferença entre a ciência pré-moderna e a moderna se deve a questões puramente metodológicas. Cassirer demonstra muito bem que este não é o caso. O método passa a fazer diferença somente após a revolução teórica de Galileu. (Veja-se Ernst Cassirer, *El problema del conocimiento*, México, Fondo de Cultura Económica, 1965, Tomo I, p. 349)

O método não é uma regra autônoma, aplicável a todas e quaisquer situações indiscriminadamente. O método se subordina a uma construção teórica. Quando as construções teóricas dominantes entram em colapso, a permanência do método que lhes era próprio, não importa o rigor com que seja usado, só conduz a equívocos cada vez maiores. Veja-se, a este respeito, a obra de Thomas S. Kuhn, *A estrutura das revoluções científicas*. Especialistas em métodos, aos quais faltam critérios para discriminar entre o relevante e o insignificante, poderão produzir investigações extremamente rigorosas. Mas isso não lhes confere, automaticamente, importância científica nem significação humana.

Antes de mais nada é necessário saber discriminar os problemas que *merecem e devem* ser investigados. Mas esse poder de discriminação não nos vem da ciência. A ciência só nos pode oferecer métodos para explorar, organizar, explicar e testar *problemas previamente escolhidos*. Ela não nos pode dizer o que é importante ou não. A escolha dos problemas é um ato anterior à pesquisa, que tem a ver com os valores do investigador. A ciência não pode me dizer se o mais importante é a análise das funções sociopolíticas da educação ou a análise dos métodos educacionais mais adequados para a rápida aprendizagem de alunos com Q.I. acima de 200. Mas a escolha do problema certamente tem a ver com os interesses e valores do investigador.

Quanto a mim, faço minhas as palavras de Brecht: "Eu sustento que a única finalidade da ciência está em aliviar a miséria da existência humana".

Em outras palavras: não considero que a ciência pela ciência seja um valor que mereça ser perseguido. É óbvio que tal afirmação é de caráter ético. Não a derivo (e não posso) de ciência alguma. Penso que ciência pela ciência é uma ilusão de cientistas que se fecham em seus laboratórios ou mundos mentais. Querendo ou não, o conhecimento que produzimos poderá sempre ser usado por alguém, de forma totalmente oposta às nossas intenções. Poderá ser alegado que o fato de o conhecimento científico poder ser apropriado por alguém não anula o ideal da "ciência pela ciência". É verdade. Minha posição pessoal, portanto, não se deriva de fatos, mas de valores (quem sabe, neuroses?) dos quais não posso me esquivar.

Tal posição valorativa implica uma hierarquização dos problemas que devem ser investigados. Se a preocupação de Brecht está em aliviar a miséria da existência humana, sou levado imediatamente a uma análise dessa miséria, com vistas ao seu alívio (já que ela não pode ser erradicada).

Aqui nos defrontamos imediatamente com um problema curioso: não é possível ao investigador ficar de fora dos problemas que ele investiga. É necessário tomar partido. Mas que fazemos com a exigência da objetividade e da neutralidade científicas? Vejam: a ideia da objetividade implica que o objeto tem uma autonomia toda própria, e a questão fundamental é a descoberta de uma perspectiva e de um método que me permitam captar esse objeto na sua especificidade.

Admito que isso possa ser válido para as ciências da natureza. Mas será válido para a sociedade, especialmente quando ela é captada como realidade política e de conflito? Vou dar um exemplo.

Estamos diante de dois jogadores de xadrez, absortos numa partida. Como cientista, pela observação de seus movimentos, devo ser capaz, depois de uma paciente observação, de descobrir as regras do jogo em que estão envolvidos. Aprendo que uma peça se movimenta de uma forma e outra, de outra. Aprendo que todas as peças têm um valor estratégico e que o objetivo do jogo é político. Estou assim, hipoteticamente, em condições de oferecer uma descrição daquele objeto de investigação. Agora eu me pergunto: que relação existe entre esse conhecimento objetivo e o conhecimento que os próprios jogadores estão elaborando? A diferença é radical. Eu não estou interessado no resultado do jogo. Não tenho interesses estratégicos e políticos. Apenas descrevo. Cada jogador, entretanto, tem de elaborar um conhecimento de outro tipo. O seu objetivo é derrotar o adversário. Em outras palavras, cada um deles organiza seus dados de forma estratégica e não puramente descritiva. A descrição é apenas uma matéria-prima de que lançam mão a fim de criar o conhecimento que realmente lhes interessa, ou seja, o conhecimento que levará o adversário à derrota.

Eu me pergunto: qual a posição do cientista social, do educador? Observador? Equívoco. Ele só se pensará como puro observador se sua observação for defeituosa. Uma observação cuidadosa lhe revelará que ele é, por um lado, uma peça que é movimentada no tabuleiro e, ao mesmo tempo, um jogador. Na verdade, da mesma forma como cada peça tem uma função precisa e um potencial de ataque, o próprio conhecimento objetivo que o cientista ou o educador produzem se constitui na sua função ou poder de ataque num jogo que é manipulado por outros. Mas essa peça que é assim movimentada (há estímulos para que ele ensine, faça pesquisas, produza conhecimentos) pretende tomar a iniciativa do jogo. A pretensão do educador é ser não apenas uma peça manipulada mas um agente que toma a iniciativa.

Todo conhecimento se situa sobre um tabuleiro de xadrez. Há uma confrontação em jogo. Não há observadores. Querendo ou não, somos peças que são manipuladas e, ao mesmo tempo, peças que querem influenciar o desenrolar da partida. Não pode haver, portanto, uma definição abstrata de problemas. Os problemas são aqueles da situação estratégica em que nos encontramos colocados.

Ter consciência da sua situação estratégica é, antes de mais nada, ter consciência de a serviço de quem o pesquisador se encontra. Sabe-se que os processos de educação são processos de controle. Por meio dela realiza-se a chamada *socialização* do educando. Que significa isso? Pela educação o educando aprende as regras das relações sociais dominantes e adquire as informações que vão transformá-lo em uma peça a mais nesse jogo de xadrez. É evidente que determinados tipos de instrução conferem àqueles que as recebem um poder mais alto. Tal poder pode ser medido quantitativamente pelos salários que vão receber na vida profissional. Podemos fazer uma medida semelhante para avaliar a concentração relativa de poder em áreas distintas de conhecimento. Via de regra há mais fundos disponíveis para a pesquisa naquelas áreas que são de maior importância na estratégia do poder. Torres e bispos são peças mais valiosas porque possuem um maior poder de ataque que peões. De forma idêntica, tecnólogos valem mais que filósofos porque o seu conhecimento pode ser facilmente transformado em formas políticas e econômicas de poder. Como regra geral podemos aceitar a velha afirmação de Bacon de que *conhecimento é poder.* Ao produzir uma pesquisa, portanto, não estou produzindo um conhecimento puro, solto no ar, conhecimento que vai simplesmente tornar os homens mais sábios. *Estou produzindo poder e este poder vai ser usado por alguém.*

Todo ato de pesquisa é um ato político. O conhecimento que produzo será usado por alguém num projeto específico de controle e manipulação. Na medida em que o pesquisador se engana a si mesmo, pretendendo estar produzindo conhecimento puro, ele se presta a ser manipulado mais dócil e ingenuamente. Quanto mais ele acreditar no caráter apolítico do conhecimento que produz por meio da pesquisa, tanto mais será um peão num jogo político cujos propósitos lhe escapam. Em outras palavras: o pesquisador e a sua pesquisa podem sempre ser manipulados. Mas a manipulação se tornará tanto mais difícil quanto mais consciente ele estiver de sua condição de cientista passível de ser manipulado.

Não se conquistam os determinismos pela sua ignorância. É necessário contemplá-los face a face. No momento em que os reconhecemos e os chamamos pelo seu nome próprio, o caminho para a liberdade e a iniciativa está aberto.

Estas reflexões apontam para a difícil situação em que se encontra o educador-pesquisador. Da sociologia ele aprende que a função social da educação é produzir um comportamento funcional e ajustado. A vida social só é possível na medida em que os seus futuros membros são iniciados no conhecimento de suas regras. Toda sociedade, assim, exige a existência de mestres e aprendizes. Tornamo-nos socializados na medida em que essas regras são introjetadas e incorporadas à nossa estrutura de consciência. Se os mecanismos de socialização falham e o aprendiz não internaliza as regras do jogo social, ele se torna um desviante. O comportamento desviante, na sua forma extrema, é classificado como crime pelos códigos de leis, e é tratado convenientemente pela polícia. Educação e política têm a mesma função: controlar o comportamento. Na educação busca-se levar o indivíduo a aceitar voluntariamente as regras do jogo social, instruindo-o no conhecimento que o tornará um "cidadão útil". A coerção violenta aparece quando a coerção voluntária falhou.

Aceitar como paradigmático o jogo da educação para a integração social significa aceitar como um valor positivo a sociedade à qual o educando deverá se ajustar. Neste caso aceitamos que a ordem social vai muito bem. Não é ao seu nível que se localizam os problemas a serem resolvidos. Os problemas se localizam, ao contrário, ao nível da consciência que resiste ao processo de integração. Cumpre, portanto, elaborar uma "engenharia do comportamento" que, valendo-se das contribuições da psicologia e da sociologia, seja um instrumento eficaz para produzir o comportamento funcional desejado.

Pode ser, ao contrário, que o educador, consciente de que a função social da educação é reduplicar a sociedade, mas consciente ao mesmo tempo de que frequentemente é a própria ordem social que se constitui num problema, chegue à conclusão de que a engenharia do comportamento só pode perpetuar os problemas sociais. A conclusão é lógica. Se é a ordem social que é problemática, um comportamento ajustado tem como resultado o agravamento dessa mesma problemática. Uma educação extremamente eficaz, neste caso, só tornaria piores as coisas. Neste caso uma abordagem adequada do problema contemplaria a necessidade de mudanças sociais, e a educação, em vez de ser dirigida para a integração, deveria criar a consciência inquieta e crítica, que exatamente por ser desajustada teria as condições para pensar essas mesmas transformações.

O educador-pesquisador tomará, inevitavelmente, uma dessas duas opções, ainda que esteja inconsciente disso. A ciência não poderá ajudá-lo na tomada de decisão. Ela poderá simplesmente ajudá-lo a antever as consequências de sua decisão, uma vez tomada.

Espero que eu tenha sido capaz de demonstrar que: a) não existe uma pesquisa desinteressada. O pesquisador nunca é um observador, mas ou uma peça passiva, ou/e um ator numa situação estratégico-política; b) essa situação estratégico-política comporta apenas duas orientações gerais: ou educação para a integração, na linha de uma engenharia do comportamento, ou educação para a transformação, na linha de uma engenharia da ordem social.

Passemos agora a uma segunda ordem de problemas: os níveis da pesquisa. Os níveis que vou sugerir não são independentes um do outro. Em qualquer um deles, o outro se encontra sempre presente, ainda que de forma oculta, implícita ou possível.

1. Nível filosófico

Via de regra os cientistas não veem nenhuma relação entre o que estão fazendo, na sua prática cotidiana de pesquisa, e a filosofia. A filosofia parece algo extremamente abstrato e confuso, divorciado dos problemas reais da ciência. Mas o que é a filosofia?

Há muitas respostas possíveis para essa pergunta. Não posso analisá-las aqui. Vou simplesmente indicar as linhas gerais da minha própria resposta. Para isso vou me valer de dois exemplos.

Frequentemente quando perguntamos a cientistas por que é que eles se dedicaram à ciência, respondem-nos que conhecimento é bom, que conhecimento conduz ao progresso e que ele contribui efetivamente para aliviar a miséria da existência humana. O cientista em questão faz uso dessas pitadas de "conhecimento" (não nos interessa, no momento, se é conhecimento válido ou não) para organizar não só as suas rotinas cotidianas de trabalho como também a sua cosmovisão. Cosmovisão? Sim. As nossas afirmações mais corriqueiras são expressões de nossa organização arquitetônica do mundo. As afirmações acima pressupõem que as pessoas se dividem em dois tipos: aquelas que possuem o conhecimento científico e observam a realidade de maneira objetiva e desapaixonada, e aquelas que não possuem o conhecimento científico e são dominadas por preconceitos, paixões e ideologias. As primeiras contribuem para a solução dos problemas. As segundas são parte dos problemas. Pressupõe-se, igualmente, que a história é um processo de evolução gradual que se faz pela expansão do conhecimento. Quanto mais científica uma sociedade, mais avançada; quanto menos científica, mais atrasada. A ciência é uma atividade privilegiada, na qual os pesquisadores estão comprometidos na busca da verdade objetiva, graças à metodologia adequada. Tais pressupostos permitem que os cientistas se dediquem aos seus trabalhos sem fazer perguntas embaraçosas como estas: Quais as razões por que uma sociedade abre um espaço institucional para a pesquisa científica? Qual a relação entre o conhecimento que produzo e interesses econômicos e políticos? A quem está servindo a ciência? De que maneira as opções sobre pesquisas, no âmbito da Universidade, são determinadas pelos arranjos institucionais da própria Universidade? Há bases empíricas para se afirmar que a expansão do conhecimento é uma coisa boa?

Evidentemente, se tais perguntas forem feitas, a tranquila prática cotidiana do investigador será perturbada por noites de insônia.

Passemos ao exemplo do educador. Por que se tornar um educador? Essa pergunta parece, de saída, impertinente. Não há coisa mais nobre que educar. Sou educador porque sou apaixonado pelo homem. Desejo criar condições para que cada indivíduo atualize todas as suas potencialidades. A educação é a base de uma sociedade democrática. Vocês poderiam multiplicar afirmações semelhantes a estas, indefinidamente. Embalados por essas doces canções acerca dos elevados propósitos da sua profissão, o educador pode continuar a educar sem maiores problemas. Mas será isso mesmo? A afirmação de que a educação é a base de uma sociedade democrática não pode ser usada ideologicamente para justificar a proibição do voto aos analfabetos? O mundo do educador não divide também as pessoas em educadas e não educadas, superiores e inferiores? Será verdade que a educação é um processo para fazer com que cada indivíduo atualize as suas potencialidades ou exatamente o inverso, um processo pelo qual a sociedade leva o indivíduo a domesticar essas mesmas potencialidades, canalizando-as de sorte a transformá-las em pensamento e comportamento socialmente aceitos? A educação transforma ou reproduz a sociedade?

O propósito desses dois exemplos foi indicar que nossas práticas cotidianas estão envolvidas por uma série de justificações que aceitamos sem questionamentos. Elas compõem aquilo que Alvin Gouldner denominou *"background assumptions"* (Alvin Gouldner, *The coming crisis of western sociology,* Nova York, Avon Books, 1971, p. 29 ss): o pano de fundo que é o cenário do mundo que habitamos. O cenário é a estruturação do mundo. Os objetos, focos de nossa atenção, aparecem nesse cenário. Nossas reações emocionais diante de objetos e cenários são muito distintas. Kurt Goldstein, em seu livro sobre o organismo, faz um interessante estudo sobre o fenômeno do medo e o fenômeno da ansiedade. O medo é uma reação diante de um objeto que nos ameaça. O encontro com o objeto que produz medo se dá em um cenário estruturado, o que permite que organizemos o nosso comportamento no sentido de eliminar a ameaça apresentada pelo objeto. Na ansiedade, entretanto, a pessoa não está diante de um objeto ameaçador. Ela experimenta a desintegração do cenário que tornava possível a organização do comportamento. O uso que fazemos das palavras *medo* e *ansiedade* é muito significativo. Dizemos "eu tenho medo de", mas não faz sentido afirmar "tenho ansiedade de". Dizemos, ao contrário, "sinto ansiedade", "estou dominado pela ansiedade". Diz Goldstein que na ansiedade o indivíduo "experimenta um desmoronamento ou dissolução do mundo" (Kurt Goldstein, *The organism*, Boston, Beacon Press, 1963, p. 295).

Evidentemente não se trata de um desmoronamento objetivo do mundo. O mundo, como universo organizado, não é um fato empírico como pedras, cadeiras e sapatos. Trata-se de uma *construção* empreendida pelo sujeito. Não nos compete discutir esta questão aqui. Sugiro, para maiores detalhes, que o leitor se lembre de Kant, releia Piaget ou examine a obra de Berger e Luckmann, *A construção social da realidade*. A dissolução do mundo é o colapso das estruturas categoriais que formavam o esqueleto arquitetônico de que o sujeito lançava mão para organizar a sua experiência.

A ansiedade é o fenômeno emocional correspondente ao colapso da organização do mundo. Na ansiedade o problema não se encontra no objeto, mas no próprio sujeito. Por isso é uma experiência profundamente dolorosa.

O que estou tentando sugerir é que a filosofia é uma atividade que se dedica a questionar os cenários, as estruturas categoriais, os pressupostos comumente aceitos sem exame. Na filosofia o que se busca é questionar o conhecimento familiar de que lançamos mão para explicar nossas práticas cotidianas. Hegel afirmou, em *A fenomenologia do espírito,* que tudo aquilo que é conhecido com familiaridade, exatamente por ser familiar, não é conhecimento. A tarefa da filosofia é romper esse conhecimento para que o mundo fixo e estável do familiar se ponha a dançar. O filósofo, assim, é aquele que dá corda à consciência tranquila e certa de si mesma para que, no final, ela se enforque.

Não é necessário dizer que quem quer que se dedique a fazer a crítica dos fundamentos do mundo familiar está metido numa atividade que produz ansiedade. Não foi por acidente que Sócrates teve de beber cicuta. "Fazer com que os homens se sintam inconfortáveis, eis a minha tarefa" (Walter Kaufmann, *op. cit.,* p. 50), afirmava Nietzsche. A filosofia não é edificante, reconfortante ou sacralizante. Sua vocação é iconoclasta – a quebra de ídolos. Leszek Kolakowski, um filósofo polonês, escreveu um ensaio interessantíssimo com o título *O sacerdote e o bufão.* O seu argumento, em resumo, é o seguinte: todas as sociedades têm dois tipos de homens, sacerdotes e bufões. Sacerdotes são aqueles que sacralizam o existente e colocam o selo de verdade absoluta no conhecimento que circula como moeda corrente. Sua missão é preservar o passado e enrijecer o presente. Há, entretanto, os bufões, que não prestam a mínima atenção às maravilhosas vestes reais, que todos afirmam ver, e grita: "o rei está nu". A filosofia, conclui Kolakowski, é o bufão da sociedade: ela se ri daquilo que comumente se considera sagrado (Leszek Kolakowski, *Towards a marxist humanism,* Nova York, Grove Press, 1968, p. 9 ss).

Por que ser iconoclasta? Por que provocar a ira de reis, sacerdotes e vassalos fiéis? A razão não é difícil de ser entendida. Há certas situações em que a preservação da vida exige que ela passe por metamorfoses. Como esse nome indica, é necessário que uma forma seja abandonada para que a outra pessoa possa aparecer. A lagarta deve desaparecer para que a borboleta nasça. Essa não é uma ideia nova. Constitui-se, na verdade, no ponto central da compreensão cristã da realidade: a vida se preserva na dialética da morte e da ressurreição. Não, não estou lançando mão de mitologias para justificar a minha visão da filosofia. Todo ato de criação exige a dissolução das formas esclerosadas que a tornavam impossível. É isso o que ocorre na criação científica. A este respeito seria interessante ler a obra de Thomas S. Kuhn, *A estrutura das revoluções científicas,* já mencionada. Concordo com o aforismo de

Nietzsche: "Quem quer que deva ser um criador tem de destruir". Este, segundo entendo, é o nível da reflexão filosófica: a crítica dos fundamentos para tornar possíveis novos atos criadores.

A tarefa filosófica implica, assim, duas faces: a primeira, crítica; a segunda, criativa.

Os grandes mestres da crítica dos fundamentos foram Freud e Marx, muito embora o caminho de Freud nos conduza à hermenêutica e o de Marx, à economia. Creio, entretanto, que a postura de ambos poderia ser assim resumida: o comportamento humano, individual e coletivo, processa-se concomitantemente com uma série de explicações intelectuais do mesmo, explicações que pretendem ser racionais, mas que, no fundo, são ilusões ou ideologias. A verdade, entretanto, é que o verdadeiro motor do comportamento não se encontra na razão, mas em níveis obscurecidos pela pseudorracionalidade que elaboramos. A tarefa, portanto, é desmistificar essa pseudorracionalidade a fim de descobrir a lógica dos fatores que realmente determinam o comportamento. É evidente que tal empresa se defronta com uma resistência cheia de artimanhas. A ignorância dos fatores que são, realmente, os motores do comportamento, é mais funcional e mais gratificante, emocionalmente, que o seu conhecimento. Mas, enquanto a crítica das ilusões e das ideologias não for levada a cabo, estaremos condenados a ser prisioneiros de forças irracionais que não conhecemos e que não desejamos conhecer.

Em relação à educação, compete à filosofia fazer as perguntas embaraçosas acerca das ilusões e das ideologias da educação. Podemos começar substituindo as afirmações por interrogações. Os dogmas têm de ser transformados em dúvidas, as respostas, em questionamentos, os pontos de chegada, em pontos de partida. É lógico que todas as perguntas serão respondidas afirmativamente se permitirmos que o diálogo se processe sobre o cenário do conhecimento familiar. Neste caso específico, o conhecimento familiar se organiza, em grande medida, com o auxílio da filosofia do Iluminismo, que ainda tem os seus altares nos templos acadêmicos. Proponho, entretanto, que o diálogo se dê sobre um cenário em que a educação é vista como parte de uma situação político-estratégica. Qual é o jogo? Quem são os jogadores? Quem são os peões, rainhas, cavalos, torres e bispos? Para onde nos leva o jogo?

A segunda fase da tarefa da filosofia se constitui na busca de sínteses criativas. A questão não é o próximo movimento da peça, dentro do jogo institucionalizado. A questão é se um novo jogo pode ser jogado.

Aqui se encontra a grande tentação do filósofo: construir as novas sínteses com base em conceitos divorciados de homens de carne e osso. Vou me explicar.

O filósofo, por deformação que lhe é imposta pela vida acadêmica, tende a se tornar um profissional do conceito. Ele trabalha em um esquema rígido de divisão de trabalho no qual a única matéria-prima de que dispõe são ideias. É natural que a sua visão de mundo seja marcada pela sua prática cotidiana. Daí a sua tentação idealista: pensar que a realidade se constrói de cima para baixo, pensamento primeiro, ação depois.

Qual é, entretanto, a relação entre a ideia e a ação? Freud chamou a atenção dos seus leitores para o fato de que não é o *insight* intelectual que decide a batalha terapêutica, mas antes o amor. A "verdade" não tem o poder para moldar o comportamento: o comportamento emerge de emoções, e somente as ideias que sejam "representantes" de emoções podem, de alguma forma, influenciar a ação. Nietzsche, de maneira idêntica, relacionava o comportamento criador não às ideias mas ao corpo. "O corpo é a Grande Razão", afirmava ele em *Assim falou Zaratustra,* "e aquilo a que damos o nome de razão nada mais é que um instrumento e um brinquedo da Grande Razão". Em Marx a razão é uma vez mais deslocada de sua posição de origem do comportamento, e este vai ser explicado em função das ações econômicas. Weber, por sua vez, a despeito da acusação de idealismo que frequentemente se faz contra ele, é explícito em afirmar que não é a ideia que gera o comportamento mas sim o interesse. As ideias nada mais são que trilhos nos quais o interesse corre.

O problema das novas sínteses não pode, portanto, se resumir na questão da formulação de novas alternativas conceituais. É necessário que o filósofo trabalhe com as ideias *poderosas* para informar a ação. Como o disse Schiller muito bem,

108

para que a verdade triunfe na luta com a força, ela deve se transformar primeiro numa força e se ligar a algum impulso como seu advogado, no reino dos fenômenos; pois os impulsos são as únicas forças geradoras no mundo do sentimento. (Rubem Alves, *Tomorrow's child,* Nova York, Harper & Row, 1972, p. 199)

Onde se encontram essas ideias e essas forças? De forma coerente com a proposta de que a única finalidade da ciência está em aliviar a miséria da existência humana, creio que são os interesses e aspirações dos que sofrem que devem se constituir na matéria-prima da reflexão filosófica. Diria que a missão do filósofo é sentir os sofrimentos dos oprimidos, ouvir as suas esperanças, elaborá-las de forma conceitual a um tempo rigoroso e compreensível, e devolvê-las àqueles de onde surgiram. A tarefa do filósofo não é gerar, mas partejar; não criar, mas permitir que aquilo que está sendo criado venha à luz.

Peço licença para transcrever este extraordinário parágrafo de Vieira, que Alfredo Bosi citou, no seu prefácio à obra de Carlos Guilherme Mota, *Ideologia da cultura brasileira,* pois ele vai ao âmago da questão:

Os Antigos, quando queriam prognosticar o futuro, sacrificavam os animais, consultavam-lhes as entranhas, e conforme o que viam nelas, assim prognosticavam. Não consultavam a cabeça, que é o assento do entendimento, senão as entranhas, que é o lugar do amor; porque não prognostica melhor quem melhor entende, senão quem mais ama. E este costume era geral em toda a Europa antes da vinda de Cristo, e os Portugueses tinham uma grande singularidade nele entre os outros gentios. Os outros consultavam as entranhas dos animais, os Portugueses consultavam as entranhas dos homens. A superstição era falsa, mas a alegoria era muito verdadeira. Não há lume de profecia mais certo no mundo que consultar as entranhas dos homens. E de que homens? De todos? Não. Dos sacrificados. (...) Se quereis profetizar os futuros, consultai as entranhas dos homens sacrificados: consultem-se as entranhas dos que se sacrificaram e dos que se sacrificam; e o que elas disserem, isso se tenha por profecia. Porém, consultar de quem não se sacrificou, nem se sacrifica, nem se há de sacrificar, é não querer profecias verdadeiras; é querer cegar o presente, e não acertar o futuro. (Carlos Guilherme Mota, *Ideologia da cultura brasileira,* São Paulo, Ática, 1977, p. xvii)

Estou propondo que o filósofo se entenda como o leitor das entranhas dos sacrificados.

2. *Nível científico*

As pesquisas científicas e o pesquisador encontram-se numa situação extremamente difícil. Já indicamos como a exigência do rigor metodológico pode incidir sobre a escolha dos problemas a serem investigados. Quando o rigor acadêmico se torna na marca distintiva do saber científico, é natural que a relevância do problema seja colocada num plano secundário. Os problemas passam a ser escolhidos em função da possibilidade de serem tratados com rigor e não em termos da avaliação que deles faz o cientista, acerca de sua importância.

Há outros fatores mais graves que restringem a gama dos problemas a serem investigados. A pesquisa é hoje algo muito dispendioso. Especialmente no campo das ciências exatas, naturais e da tecnologia, os recursos exigidos em laboratórios e equipamentos são enormes. Nenhum indivíduo, isoladamente, pode levar a cabo uma pesquisa. Ele tem de pertencer a instituições ricas o bastante para possuir tais recursos. Muitos cientistas, enviados para os países mais adiantados em ciência, isto é, os países ricos, nunca mais se ajustam aos magros recursos que lhes são oferecidos pelas instituições de ensino e pesquisa nacionais. A pesquisa, hoje, está intimamente ligada à opulência.

Além dessa infraestrutura caríssima, as pesquisas, em si mesmas, exigem somas enormes de recursos. E tais recursos devem vir de fora. Das instituições donantes algumas não têm nenhum interesse econômico evidente. Elas não lucram diretamente com as pesquisas. Sendo instituições estatais, entretanto, as suas políticas de concessão de recursos devem, de alguma forma, estar ligadas aos interesses econômicos e políticos do Estado. Frequentemente, entretanto, as pesquisas são financiadas por convênios com organizações cujo interesse é puramente econômico.

O cientista encontra-se nesta difícil situação: sua vida acadêmica, seu prestígio, suas promoções exigem que ele realize pesquisas. Mas ele não dispõe de recursos. Ele só pode pesquisar dentro de um elenco de problemas para os quais há verbas disponíveis. As agências financiadoras funcionam, assim, em graus diferentes, como agências que encomendam pacotes de conhecimento, e o cientista é o especialista que produz o conhecimento, sob medida. Mas ninguém encomenda conhecimento por amor ao conhecimento. Se uma empresa particular está pronta a investir numa pesquisa, é porque ela sabe que tal investimento pagará dividendos altos. Já se consagrou entre pesquisadores a expressão "vender projetos de pesquisa". Os cientistas sabem as regras do jogo em que estão metidos. A estratégia do jogo é econômica. Lembro-me da lúcida observação de Paul Goodman de que a explicação mais simples para o fato de que temos mais cientistas do que em todos os períodos passados da história não está em que a nossa sociedade se tenha tornado mais científica e racional, mas antes em que a ciência se tornou economicamente explorável. Na realidade, a pesquisa não é precedida pela consulta às entranhas dos que se sacrificaram, mas antes pela consulta aos interesses econômicos dos que não se sacrificaram. Uma atuação lúcida do cientista exigirá que ele conheça as implicações econômicas e políticas da sua investigação. Esta questão é especialmente aguda no campo da tecnologia. Sabe-se, por exemplo, que a economia capitalista muito depende da obsolescência planificada: a produção de coisas boas, duráveis, que podem ser facilmente consertadas, é contrária aos interesses de uma economia que depende, para a sua expansão, da venda dos produtos novos. Os produtos novos só são comprados se os antigos não prestam mais. Cada produto novo já deve ser feito de forma que o seu envelhecimento seja racionalmente planejado. A mudança rápida das aparências do produto é uma forma de envelhecê-lo. Isto é muito evidente na indústria automobilística e na moda. Mas os produtos podem ser planejados de forma que fiquem realmente imprestáveis. Um bocal de lâmpada metálico, que podia ser facilmente consertado com uma chave de fenda, e possuidor, portanto, de uma longa vida útil, é vantajosamente substituído por bocais de plásticos soldados que não podem ser abertos para o conserto. Quando aparece um defeito, o remédio é comprar um novo. De um ponto de vista econômico, soluções tecnológicas que sejam duráveis e fáceis de consertar são inconvenientes. Lembro-me de que, há muitos anos, existia um aparelho de barbear que tinha um dispositivo para afiar as lâminas. O aparelho desapareceu do mercado. Por razões óbvias: era um mau negócio para os fabricantes de lâminas. Lâminas devem ser usadas e jogadas fora. Agora, já se joga o aparelho inteiro.

A pergunta a se fazer é: será verdade que aquilo que é bom para o sistema econômico é bom para o povo? Creio que aceitamos, sem maiores dúvidas, que o progresso econômico é bom (da mesma forma que aceitamos que o progresso do conhecimento é bom). A expansão de qualquer coisa nos fascina. Confundimos expansão quantitativa com melhoria qualitativa. Mas, na verdade, não temos nenhuma evidência empírica de que a pura expansão econômica signifique uma melhoria nas condições de vida. Mas, na medida em que acreditamos no mito do crescimento econômico, podemos, como cientistas, nos colocar a serviço dos interesses econômicos, convencidos de que estamos contribuindo para a felicidade dos homens.

Uma das características desta situação em que o conhecimento científico é feito sob encomenda, vendido e comprado, é que os problemas são definidos de forma muito estreita. Essa estreiteza se ajusta muito bem à exigência do rigor metodológico. Quanto mais claramente circunscritos os problemas e quanto menores as suas ramificações, mais fácil um tratamento rigoroso do mesmo. Ela se ajusta também às exigências do comprador do conhecimento: o que ele deseja é uma receita simples para um problema prático com que se defronta. Ajustar-se, finalmente, à própria estrutura institucional da universidade. A universidade, como todos sabem, está dividida em áreas estanques de conhecimento: a biologia, a química, a física, as ciências sociais etc. Longe de ser um organismo, a universidade é a justaposição de mundos que se tangenciam. Tal organização da universidade corresponde a uma visão de mundo e a uma epistemologia. Pressupõe-se que a realidade é formada pela agregação de unidades autossuficientes. Cada uma dessas áreas corresponderia a um mundo específico, com suas leis próprias. Para que essa realidade seja conhecida, é necessário

114

submetê-la a um processo analítico que separa as suas partes constitutivas. A fragmentação institucional da universidade é o resultado de uma visão analítica do real. O caminho adequado do conhecimento, portanto, leva sempre do todo às partes, porque, segundo essa filosofia, o todo é nada menos que o agregado das partes. Nasce então o especialista: aquele que conhece cada vez mais de cada vez menos. Problemas de implicações globais são abandonados. Além da dificuldade do seu tratamento metodológico e do fato de que ninguém faz encomendas de conhecimento acerca do todo, existe essa postura ideológica para justificar a prática científica.

Podemos demonstrar cientificamente que os grandes problemas sejam o somatório dos pequenos problemas? Podemos demonstrar cientificamente que pela resolução dos pequenos problemas, um a um, os grandes problemas são resolvidos? Jay W. Forrester, professor de administração no Massachusetts Institute of Technology, propôs a seguinte lei, que tomou o seu nome:

> Em situações complicadas esforços para melhorar as coisas tendem a piorá-las, freqüentemente a piorá-las muito, e ocasionalmente a torná-las uma calamidade. (Rubem Alves, *op. cit.*, p. 62)

O que Forrester está sugerindo é muito simples: não existe um trânsito simples das partes para o todo. Uma série de operações que melhoram as partes não melhoram, necessariamente, o todo. Frequentemente o verdadeiro é o inverso. Creio que isso se torna evidente quando se consideram os efeitos colaterais catastróficos do uso de inseticidas, herbicidas, adubos, antibióticos. A tentativa de solucionar problemas específicos, atuando diretamente sobre as partes envolvidas, ignora que a realidade é um sistema de equilíbrio precário. Qualquer atuação sobre as partes produz reverberações e alterações no sistema como um todo. Mas é exatamente a compreensão da totalidade do sistema que se encontra bloqueada pela abordagem analítica e fragmentária dos problemas.

Parece-me que o maior obstáculo à passagem de uma abordagem puramente analítica a um tratamento sistêmico dos problemas não são os hábitos metodológicos nem a organização fragmentária da universidade. Tais fatores são muito importantes, mas não determinantes. A situação estratégica da universidade é tal que a maior resistência deve vir dos interesses econômicos e políticos (estes dois dificilmente podem ser separados). Que interesse econômico teria uma indústria químico-farmacêutica em testar um novo produto seu por mais dez anos, à espera dos seus efeitos colaterais a longo prazo? Nenhum. O produto deve ser lançado no mercado o mais rapidamente possível, pois só assim virão os dividendos dos investimentos anteriores da pesquisa. Que interesse teria um governo em encomendar uma pesquisa acerca dos resultados, a longo prazo, de suas políticas econômicas, sobre o equilíbrio ecológico? Dada a situação calamitosa do Brasil, neste campo, seria de se imaginar que as pesquisas e os cursos de ecologia estariam se multiplicando na universidade brasileira. Mas tal não acontece. Não existe mercado para ecólogos. Esse conhecimento não é bom para a economia nem para a política.

C. Wright Mills comparou a situação dos cientistas à de remadores, no porão de uma galera. Todos estão suados de tanto remar e se congratulam uns com os outros pela velocidade que conseguem imprimir ao barco. Há apenas um problema: ninguém sabe para onde vai o barco, e muitos evitam a pergunta alegando que este problema está fora da alçada de sua competência.

Os processos educativos, quando compreendidos de um ponto de vista sociológico, têm a função precisa de criar bons remadores. É evidente que é possível desenvolver uma série indefinida de pesquisas que, no fundo, estão simplesmente tentando responder a esta pergunta: como fazer com que o programa de treinamento de remadores seja mais eficiente? Serão estas as pesquisas que vão mais facilmente encontrar financiamento e apoio? Mas será isto que é o mais desejável e necessário, quando a questão mais importante é a direção do barco?

Clark Kerr definiu muito bem a universidade como "uma fábrica para a produção de conhecimentos e de técnicos para servir às muitas burocracias da sociedade" (ver Rubem Alves, *A theology of human hope,* Washington, Corpus Books, 1969, p. 9).

Dada a urgência deste problema, parece-me que a universidade deveria repensar os seus programas de pesquisa. Não existe solução adequada ao nível de simples iniciativas individuais. Seria necessário que a universidade, deixando de lado por um momento a obsessão analítica e fragmentária, patrocinasse um amplo debate interdisciplinar sobre estas duas questões: Para onde vai o barco? Para onde queremos que o barco vá? Somente depois de respondidas essas perguntas teremos condições de tomar decisões lúcidas acerca do que deve ser pesquisado. Uma vez tomada a decisão, e somente então, faz sentido suar no remo. Antes disso seremos apenas sonâmbulos que não sabem o que fazem.

QUALIDADE TOTAL
EM EDUCAÇÃO

> Sapientia: *nenhum poder,*
> *um pouco de saber,*
> *o máximo de sabor...*
>
> Roland Barthes

Primeira conversa

A moda agora é "Qualidade Total" na educação. E tinha de ser porque, se não fosse, os educadores e pedagogos estariam por fora de um dos temas mais quentes que rolam nos círculos da administração e da produção. Não sei direito como a moda entrou, mas o fato é que ela se espalhou como epidemia, e por todos os lados se multiplicam os cursos, os simpósios, os especialistas e as publicações sobre "Qualidade Total". E me alegro de que assim seja, pois qualidade é coisa muito boa. Sob esse modismo de "Qualidade Total", somos lembrados de que fazer as coisas com qualidade é cuidar para que cada etapa da execução seja esmerada, feita com carinho e perfeição.

Só não gosto desse ar de novidade que estão dando ao assunto, como se fosse descoberta recente. Jung disse, não sei onde, que não há coisas que os modernos tenham dito que os antigos não tenham dito de maneira mais bonita, simples e profunda. Cada vez estou mais convencido de que isso é verdade. "Qualidade Total" esteve, na verdade, entre as preocupações e profissões mais antigas do universo e as coisas essenciais sobre o assunto já foram ditas há muito tempo.

Minha afirmação pode parecer destituída de fundamento, mas só para aqueles que não são versados nas Sagradas Escrituras, de verdade inquestionável. Pois são elas que revelam que, de todos os ministros que Deus Todo-Poderoso estabeleceu para a administração do universo, o único que é mencionado pelo próprio nome é o Ministro da Qualidade, o que testemunha a importância dessa função nos pensamentos do próprio Deus. Isso está relatado no prólogo do livro de Jó (capítulo I, a partir do verso 6), que descreve uma reunião do ministério celestial, convocada pelo próprio Jeová que, deixando de lado os outros, se pôs a conversar animadamente com o Ministro da Qualidade, enaltecendo as virtudes maravilhosas de um homem chamado Jó, com o que Satanás (esse era o nome do tal ministro) não pôde concordar, e com justa razão, alegando que o referido produto ainda não havia sido submetido aos testes especialmente designados para esse fim. Para se saber se a qualidade de qualquer produto é boa, é necessário submetê-lo a testes, razão por que o referido ministro passou também a ser conhecido como o "testador" ou, na versão daqueles que o invejavam, de "tentador", que é a mesma coisa.

Mas, mesmo antes da criação do Ministério da Qualidade, o próprio Criador se encarregava do assunto, e os textos registram que, para a fabricação de cada produto, ele pessoalmente cuidava para que todas as etapas fossem feitas "com qualidade", e só o entregava ao consumo depois de aprovado e com o selo de qualidade onde estava escrito: "É muito bom".

Todos os seres vivos cuidam da qualidade. Peixe foge de água poluída, passarinho não faz ninho em chaminé de fábrica, cachorro não come comida estragada. O nenezinho, ignorante de tudo o mais, sabe distinguir entre leite bom e leite ruim. Quando a qualidade é boa, ele engole feliz. Se a qualidade é má, ele recusa o bico do seio, cospe e até mesmo vomita. Se a mãe insistir, arrisca-se a levar uma mordida.

O que é bom dá prazer. O que é ruim faz sofrer.

Em todos os casos, o juiz que dá a palavra final sobre a qualidade de um produto é o corpo. Só o corpo tem a capacidade de sentir prazer e sofrer. Portanto, só ele pode dizer o que é bom e o que é mau.

Para isso ele foi dotado de delicados instrumentos de teste de qualidade, cada um especializado num tipo de prazer e de sofrimento.

O violeiro que afina sua viola está testando a qualidade do som, quem aprova ou reprova é o ouvido, especialista nos prazeres e dores da audição.

O pintor que pinta o quadro ou a parede vai testando a qualidade das cores, e quem aprova ou reprova são os olhos, que gozam e sofrem com a luz e com as cores.

O nariz, delicadíssimo instrumento de controle da qualidade do ar, vai cheirando sem parar, trabalhando sem descansar. Posso fechar os olhos se não quiser ver. Posso tampar os ouvidos se não quiser ouvir. Posso fechar a boca se não quiser provar. Mas não consigo ficar sem respirar e sem cheirar por uns poucos segundos. Quando o ar é perfumado, aroma de flores, cheiro de comida boa ou perfume de mulher – aí o nariz levanta as narinas e respira fundo, por prazer, e faz o corpo andar na direção da coisa desejada. A qualidade do ar está aprovada! Mas, por vezes, são os fedores sulfúricos, gases malcheirosos, coisas podres, chulé... Já vi briga em ônibus por causa de chulé. E também o mau hálito, que espanta qualquer beijo. Qualidade do ar reprovada.

E a mão, que testa a temperatura do corpo, a temperatura do ferro de passar, a temperatura da água do chuveiro, a temperatura da garrafa de cerveja, a maciez da pele...

Mas, ao pensar em qualidade total, a imagem que me vem à cabeça é a da Babette. Lá está ela na cozinha, em meio a panelas, facas, garfos, colheres, temperos, óleos, gorduras, ingredientes de todo tipo, enquanto o fogo crepita no fogão.

122

No caldeirão, a sopa de tartaruga. Pode procurar à vontade: você não a verá consultando um livro de receitas. Livro de receitas é para os aprendizes e não para os mestres. E ela "prova" a sopa: põe na boca uma colher do caldo a ser servido. Ela fecha os olhos para sentir melhor o gosto. E, ao fazer isso, ela prova ao mesmo tempo uma outra sopa, sopa que não existe em lugar algum, só na sua imaginação de prazer. É a comparação do gosto da sopa que está na colher com o gosto da sopa que está na imaginação que faz com que ela diga: um pouquinho mais disto, mais uma pitada daquilo... Até que vem a aprovação: a sopa da panela está igual à sopa da imaginação. Qualidade total aprovada. Nada melhor. Pode ser servida. O prazer está garantido.

Por esta razão, porque a sabedoria milenar diz que controle de qualidade é coisa que deve ser aprendida com o corpo, seus prazeres e suas dores, que me sinto desconcertado, perdido, ao ver que coisa tão importante foi entregue aos engenheiros, técnicos, administradores e controladores, que vão produzindo seus livros de receitas cheios de números e ferramentas sofisticadas, presumindo que, para se ter comida boa, basta encher a cozinha de boas panelas, boas facas, bons temperos, números exatos e ingredientes vários. Mas quando a gente pergunta a eles: "Qual o gosto da sopa imaginária?" – eles não sabem sobre o que estamos falando e pensam que somos doidos.

Claro que essas coisas ajudam – mas, se não houver uma Babette na cozinha, a gororoba será até pior.

É isso que eu sinto ao ver as conversas sobre qualidade total em educação. As crianças estão lá, para serem transformadas em coisa deliciosa. Temo, entretanto, que em vez de sopa de tartaruga, na maioria das vezes o que temos ao final é angu queimado e frango encruado. Enquanto a gente vai mastigando aquela coisa horrorosa, preparada depois de muito sofrimento, os especialistas, com um sorriso amarelo, nos informam: "Foi feito em panelas da melhor qualidade, importadas...".

Segunda conversa

Ao final da nossa última conversa nos encontrávamos à mesa, mastigando angu queimado e frango encruado, produzidos com o auxílio da mais moderna tecnologia, panelas importadas, havendo tudo passado pelos mais rigorosos testes de controle de qualidade, o que me faz suspeitar que aos técnicos, possuidores de saber científico indisputável, conforme seus diplomas atestam, falta, lamentavelmente, a sapiência. Basta pensar um pouco sobre o horrível caldeirão em que vivemos, que ferve com fogo e ingredientes nunca dantes imaginados. Na verdade nunca, jamais, em nosso passado histórico, tivemos ao alcance de nossas mãos tantos utensílios e ingredientes para o preparo da mais deliciosa refeição para a felicidade de todos os homens. Mas o que cozinhamos é um angu de caroço infernal.

Sobra-nos poder.

Falta-nos sabedoria.

A técnica e a ciência nos oferecem fogos, panelas, ingredientes e condimentos de sobra. Mas a receita, quem ainda se lembra dela? Sapiência é isto: o conhecimento do bom sabor que traz felicidade ao corpo. E sábio, no sentido etimológico, é o provador, degustador, aquele que, havendo se diplomado na cozinha de Babette, põe a comida na boca e diz: "Delicioso! Está bom para ser servido!".

Percebo, então, que naquela cozinha onde se preparam o angu queimado e o frango encruado, ninguém entende a linguagem da sapiência. Assim são as nossas escolas, que ensinam tudo sobre fogo, panelas, ingredientes, condimentos, reações, transformações, mensurações – mas em nenhum lugar ensinam a arte suprema sem a qual não se faz comida boa: a arte de degustar. Nas escolas se formam cozinheiros castrados de língua.

Valho-me, então, de um velho livro de um grande cozinheiro que aprendeu sua arte com os deuses, Santo Agostinho. Como ele escreveu usando os símbolos da língua esquecida da teologia, e ainda por cima em latim, só me resta transformar-me em tradutor, traduzindo em linguagem culinária o que ele disse em linguagem teologal.

Ele começa colocando ordem na casa. Todos os objetos que existem na cozinha se dividem em duas classes.

Em primeiro lugar, há os objetos de uso: fogo, panelas, frigideiras, facas, garfos, colheres, escumadeiras, tábuas de cortar, sal, temperos, óleos, pratos rasos, pratos fundos, copos.

São necessários para se cozinhar, mas não são, eles mesmos, para ser comidos. Com eles se faz gosto bom, mas eles mesmos não têm gosto bom. Só servem como *meios* para neles se fazer aquilo que vai trazer felicidade ao corpo. Mas eles mesmos não trazem felicidade.

E o sábio continua a sua lição. Depois dos objetos úteis, há os objetos de deleite. Objetos de deleite são aqueles que nos fazem felizes. Os objetos úteis, que não nos fazem felizes, existem para a produção dos objetos de deleite, que nos fazem felizes: a sopa, o feijão, o arroz, a salada, o peixe, o frango com quiabo, o torresmo, a feijoada, a moqueca, a leitoa, o doce de abóbora, o doce de leite, os fios de ovos, todos eles criados pela imaginação humana, que não cessa de inventar prazeres novos.

Esses pratos, a gente não come pela utilidade que possam ter, mesmo porque alguns deles são sabidamente (?) contraindicados para a saúde. A gente os come pelo gosto bom que têm, pela felicidade que nos trazem!

Mas tudo isso será inútil se aqueles que forem comer não tiverem os seus sentidos afinados com a comida. Comer é como ouvir música: é preciso que os dois, a música e o ouvido, estejam em sintonia. Nem todos os ouvidos gostam de Canto Gregoriano, Bach, Messiaen e música indiana...

A capacidade de sentir prazer não é um dom natural. Precisa ser aprendida. Ninguém gosta de cerveja na primeira vez que toma. Lembro-me do horror de um professor francês ao ver diante de si uma panela de feijoada. E eu mesmo vou confessar a minha falta de educação gastronômica: não gosto nem de *escargot*, nem de dobradinha, nem de caviar, embora acredite no testemunho dos entendidos, que afirmam serem coisas deliciosas. É que não me ensinaram a gostar, na escola... Isso que eu disse, continua o sábio, serve para tudo na vida. A vida é uma grande cozinha. Quem aprendeu a sabedoria da cozinha aprendeu a sabedoria necessária para se viver. E a sabedoria da cozinha é esta: *que tudo o que se aprende, que se sabe e que se faz tem por objetivo esse momento supremo de felicidade e prazer. Controle de qualidade é controle de prazer. Gestão de qualidade é gestão de prazer. Qualidade total é prazer total...*

Claro que é preciso que as crianças vão às escolas e aprendam a lidar com as panelas e os fogos, que aprendam matemática, física, química, biologia e tudo o mais. É preciso que se tornem hábeis no manuseio dos objetos úteis. A técnica, as ciências e a matemática são os livros de receita e os utensílios na cozinha da vida. Eles nos fornecem os *meios* para viver.

Mas basta olhar para essas coisas para perceber que elas existem para uma outra coisa, da mesma forma como as panelas e o fogo existem para o prazer da comida. O saber e o poder só se justificam como panelas onde se prepara a alegria de viver. O objetivo do saber é aumentar as nossas possibilidades de sentir sabor.

Mas agora eu pergunto: em que escola se ensina o *kamasutra* dos sentidos? Haverá cursos para desenvolver nos meninos e adolescentes a sutileza da visão? Saem da escola com olhos perfeitos e são cegos, não sabem ver. E a felicidade de ouvir? Em que escola se ensina isso? Já imaginaram, na Faculdade de Educação Física, cursos avançados na arte de cheirar? Absurdo? De jeito nenhum. O nariz é tanto parte do físico quanto as pernas e os braços! Como justificar que nas escolas só se eduquem os músculos e se cultivem as virtudes atléticas e militares? Os perfumes não estarão entre os prazeres que o mundo nos oferece? E falam em educação sexual, que na maioria das vezes é aula de anatomia e fisiologia. Mas, e as sutilezas do tato, do toque, da carícia, do olhar, do falar, do silêncio, envolvidos na brincadeira de fazer amor? Estão rindo, pensando que estou brincando. Compreendo. Especialistas em panelas ignoram as sutilezas do paladar! O poder sabe pouco sobre o prazer.

Meus críticos me dirão que um texto sobre a coisa rigorosa, científica e gerencial como é o controle de qualidade não pode ser tratado desta forma. Pois eu afirmo que esta é a única forma de se tratar com controle de qualidade.

Pois qualidade que não seja meio para a felicidade é como panela importada que faz angu encaroçado. É melhor parar de importar panelas. É preciso desenvolver, antes, a capacidade de sentir prazer. Mas, para isso, as escolas teriam de ser diferentes, as cabeças dos pais teriam que ser diferentes, as cabeças dos professores teriam que ser diferentes: menos saber e mais sabor, como nos aconselharam Barthes e Borges ao final de suas vidas. Mas, como Hegel observou, as pessoas ficam sábias sempre quando já é tarde demais...